A CHAVE DA VENDA DE IMÓVEIS

Copyright© 2019 by Literare Books International.
Todos os direitos desta edição são reservados
à Literare Books International.

Presidente:
Mauricio Sita

Vice-presidente:
Alessandra Ksenhuck

Capa:
Lucas Chagas

Projeto gráfico:
Paulo Gallian

Diagramação:
Gabriel Uchima

Revisão:
Ana Paula Medeiros e Camila Oliveira

Diretora de projetos:
Gleide Santos

Diretora executiva:
Julyana Rosa

Relacionamento com o cliente:
Claudia Pires

Impressão:
Trust

Dados Internacionais de Catalogação na Publicação (CIP)
(eDOC BRASIL, Belo Horizonte/MG)

C512   A chave da venda de imóveis/ Coordenação editorial Felipi
Adauto. – São Paulo, SP: Literare Books International, 2019.
14 x 21 cm

ISBN 978-85-9455-197-9

1. Imóveis – Vendas. 2. Vendedores. I. Adauto, Felipi.
CDD 658.85

Elaborado por Maurício Amormino Júnior – CRB6/2422

Literare Books International Ltda.
Rua Antônio Augusto Covello, 472 – Vila Mariana – São Paulo, SP.
CEP 01550-060
Fone: +55 (0**11) 2659-0968
site: www.literarebooks.com.br
e-mail: contato@literarebooks.com.br

MISTO
Embalagem
FSC   FSC° C106484

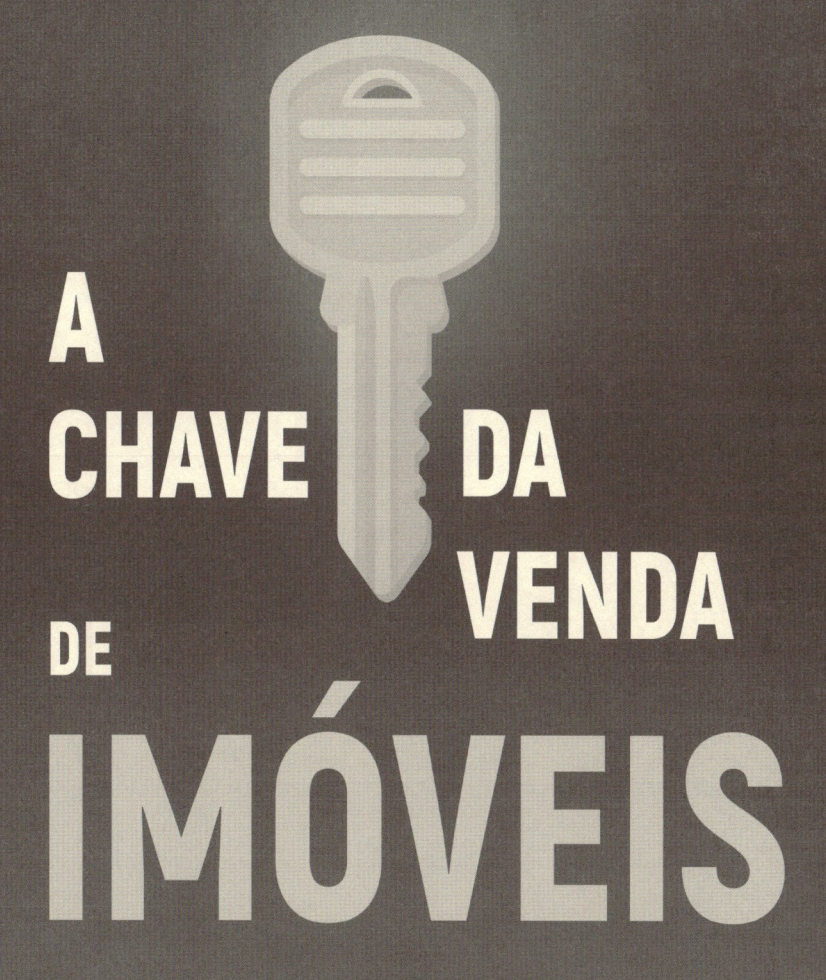

FELIPI ADAUTO

A CHAVE DA VENDA DE IMÓVEIS

Prefácio

Escrever um livro não é uma tarefa simples. Atuar no segmento imobiliário também não. É preciso uma boa dose de profissionalismo e audácia para conseguir se destacar em ambas atividades.

Quando comecei no mercado imobiliário, há mais de dez anos, havia pouquíssimo conteúdo e bibliografia sobre esse que é um dos principais setores da nossa economia. Mais complicado do que isso, praticamente não existiam profissionais dispostos a compartilhar o conhecimento que possuíam.

No entanto, mesmo com toda a dificuldade de absorver conhecimento nessa época, muitos jovens profissionais resolveram ingressar nesse mercado fazendo diferente. Apostaram em novas técnicas e desbravaram, com afinco, um setor tradicional e pouco aberto à inovação.

Quanto mais desafiadora era a jornada, mais fortes ficavam os profissionais que passavam a produzir mais e mais conteúdos. Foi assim que nasceu uma legião de pessoas que hoje são indispensáveis ao mercado imobiliário, e possuem a filosofia do compartilhamento de informação em seu DNA, que ajudam os demais e contribuem para um mercado cada vez mais colaborativo, forte e próspero.

Esta obra, para a qual tenho o prazer de escrever o prefácio, representa esse profissionalismo e audácia. São autores que possuem relevante sucesso em suas áreas de atuação, contribuindo de forma genuína com o mercado e os profissionais que nele atuam. Aproveite este privilégio, caro leitor. Boa leitura!

Bruno Lessa
Fundador do Portal VGV, CEO da agência Marketing SIM e autor dos livros *Marketing imobiliário de alto impacto e baixo custo* e *Marketing de relacionamento no setor imobiliário*.

Sumário

**O poder do foco no trilionário
mercado imobiliário** 11
Aldemar Salvino

**Manual do corretor de imóveis:
suas atitudes serão chaves para as vendas** 19
Anderson Skoretzky Trinca

**Os passos para o sucesso
com a comercialização de loteamentos** 27
André Terra Roberto

**Lições praticadas em mercados dinâmicos
úteis aos imobiliaristas** 35
Caio Montagner

Alcance todos os seus sonhos, você pode! 43
Denisia Cristina Pinto

**O vendedor de havaianas que se tornou
corretor de imóveis** 51
Denys Gomes de Brito

**Oito passos que me trouxeram crescimento
e visibilidade** 59
Felipi Adauto

**Atitude mental:
mindset do corretor de imóveis de sucesso** 65
Filipe Rocha

Gerar clientes com a Internet não é a solução, descubra o caminho certo para convertê-los em vendas 73
Franklin Delusio

Como tornar-se um case de sucesso do ramo imobiliário 81
Guilherme Pilger

Como acelerar a venda de imóveis usados? 89
José Florêncio

Máquina de vendas: processos altamente eficazes 97
Leandro Lorenzon

É preciso coragem para mudar a sua história 105
Maria Palazzi

A ética relacionada às vendas dos corretores de imóveis 113
Patricia Carvalho de Oliveira

Pós-venda: uma fonte inesgotável de clientes 121
Pierre Xavier

Não venda somente imóveis, venda segurança 129
Reginaldo Pospi

Corretores do futuro 137
Remo Granata

Conexão 145
Renan Monteiro Costa

**Funil de vendas: transformando leads
em vendas no mercado imobiliário** 153
Ricardo Cubas

**Corretagem de imóvel:
minha melhor versão ou minha missão?** 161
Suely Almeida

**Vivências no mercado de alto padrão e lições
de uma atuação arrojada** 167
Thiago Granato

**As 5 características
de um corretor vencedor** 175
Tomaz de Aquino

Capítulo 1

O poder do foco no trilionário[1] mercado imobiliário

Aldemar Salvino

Obviamente, o foco é imprescindível em qualquer área. Mas, quando se trabalha em um segmento de tantas possibilidades, ele é vital. Por isso, saber quais eventuais receitas você deve abrir mão, é tão importante quanto decidir em qual nicho atuar. E é isso que quero contar a você nas próximas páginas. Espero que este conteúdo, de alguma forma, o ajude!

---

1 - Segundo dados disponíveis na página do Fisco na *Internet* e matéria publicada no Valor Econômico 2019, o valor do estoque de bens imóveis declarados à Receita Federal em 2017 era de R$ 3,3 trilhões. Nessa conta estão todos os imóveis residenciais e comerciais e, vale ressaltar, está calculado pelo valor original da aquisição dos bens. Logo, teoricamente, o montante é ainda maior.

Aldemar Salvino

Fundador da Finder Imóveis, imobiliária focada em casas em condomínio e apartamentos de alto padrão em quatro bairros da zona sul de São Paulo. Foi sócio cofundador e diretor na Nokkel. Iniciou na área comercial como corretor de imóveis na LOPES Erwin Maack. Atuou como coordenador de expansão na Lopes Consultoria de Imóveis. Na Máxima Promoções e Eventos, trabalhou como assistente, gerente e diretor administrativo/financeiro. Pós-graduando em *Marketing* e Mídias Digitais pela FGV. Avaliador de imóveis pelo Ibresp.

Contatos
aldemar@finderimoveis.com.br
Instagram: aldemar.salvino
(11) 4171-2222

Aldemar Salvino

Antes de falar como o foco tem sido importante, deixa eu contar um pouco da minha história. Nasci em São Paulo, sou o filho mais velho de três irmãos – Mirian e Rodrigo são os mais novos, de uma família simples. Meus pais, Aldemar – lindo nome! – e Marlene, de quem tenho um orgulho indescritível, nos criaram sempre reforçando valores morais, não nos deixando nada faltar e, além de muito amor e proteção, nos deram algo maior: caráter.

Desde pequeno, sempre fui muito sonhador e não via a hora de começar a trabalhar. Queria ter o meu dinheiro para ajudar os meus pais e comprar alguma roupa ou brinquedo que eu quisesse.

Um dia, por volta dos 11 anos, estava na feira com a minha mãe e vi um menino que se aproximava das senhoras e perguntava: "Vai carreto?". Depois, entendi que ele as ajudava levando o carrinho até em casa em troca de algumas moedas. Na semana seguinte tentei, deu certo e renderam boas lições, além dos trocados.

Algum tempo depois, passei a vender chocolates na porta da igreja, aos finais do culto de domingo, mas foi aos 14 anos que tive a "grande ideia". Estávamos em 1995 e a *Internet* chegava forte no Brasil. Nessa época, eu fazia um curso básico de informática, estudava à noite e já trabalhava em um mercado do bairro nos finais de semana. Sonhava em ter um computador e, depois de algum esforço, meu pai me ajudou a comprar. Já conectado à *Internet*, eu estava pesquisando sobre carros – meu pai queria trocar o dele – e o objetivo era mostrar a ele algo útil a fim de justificar o PC. Não havia muitos *sites*, mas acabei descobrindo uma página para consultar multas de trânsito gratuitamente. Passou.

Dias depois, estava com meu pai em uma agência de carros e vi quando consultaram os débitos do veículo por *fax*. Eu, sempre curioso, perguntei por que não fizeram no computador e ouvi: "ali só faz recibos". Em casa, fiz a mesma pesquisa, constatei que via fax cobravam R$ 4,00 e pensei: vou abrir uma empresa, cobrar 50% do valor e enviar 100% mais rápido! Dois dias depois imprimi alguns cartões de visita e fui às lojas. Muitos se interessavam de imediato e um deles até quis ligar na hora! Imaginei minha mãe atendendo o telefone em casa... A euforia deles diminuía quando percebiam que eu não era só o panfleteiro, eu era o dono. "Aldemar, é você?".

Consegui fazer alguns cadastros, deixei muitos cartões e nos dias seguintes acordava cedo, ligava o PC e esperava o telefone tocar. Nada. Quase dois meses depois, quando eu comecei a trabalhar fixo e registrado no mercadinho, uma das agências teve um problema no *fax* e ligou! Mas foi só. Fim da maior empresa de pesquisas veiculares do mundo.

Primeira experiência com vendas

No mercado do bairro, trabalhei até pouco antes dos 18 anos. Tinha terminado o ensino médio, precisava ganhar mais e comecei a procurar emprego em empresas maiores. Nesse meio tempo, minha namorada, na época, me contou que eu seria pai. Agora, eu precisava ainda mais.

Após algumas entrevistas, comecei a trabalhar como vendedor autônomo na escola de inglês Mnemo System – que deu origem à Wise Up. O diretor comercial era o Murilo Bronzeri, aprendi muito com ele e logo comecei a fazer matrículas. Apesar das minhas dificuldades financeiras, inclusive para almoço e transporte, alcancei a meta e cheguei a supervisor de uma pequena equipe. Ali era uma faculdade, literalmente, e eu aprendia muito. Mas, como quase todo autônomo, no início, primeiro eu precisaria plantar, para depois, lá na frente, colher. E eu, sem dinheiro, e talvez por não ter dado 100% de mim, via o desespero aumentar e o nascimento da Alícia chegar.

A Lili nasceu no dia 13/09/2000. Lembro-me muito bem desse dia que ficou marcado por dois motivos: logicamente por eu ter me tornado pai, mas também porque eu tive que pedir um passe de metrô emprestado para ir à maternidade. Se hoje ela é um dos maiores presentes que a vida me deu, naquela época era a responsabilidade aumentando e a cobrança crescendo. Passei a procurar um emprego CLT para ter um salário fixo e trabalharia lá dentro para crescer. Peguei o jornal da vizinha, olhei os classificados, circulei alguns e um deles guardo até hoje:

MENSAGEIRO MAIOR

Admitimos para a função acima, rapaz maior de idade, c/ boa experiência em rotina de serviços externos, conhecimento das ruas do Centro e Jardins, estabilidade e referências. Oferecemos salário bastante compatível e benefícios. Apresentar-se à Rua Estados Unidos, 1.971 - Jardim América.

Início no mercado imobiliário

Era na Lopes, a maior imobiliária do Brasil. Fiz a entrevista, revelaram que a vaga era para a tesouraria e agendaram a seleção final com o João Manoel - chefe do departamento. Felizmente, acabei escolhido por ele, sendo registrado já como auxiliar de tesouraria e comecei a trabalhar com uma das pessoas que mais me ajudou nessa fase. Ajuda profissional e pessoal, quando me socorria nos sufocos. Os empréstimos foram todos pagos, mas a gratidão será sempre eterna. Obrigado, João.

Algum tempo depois, eu era responsável também pelo pagamento dos corretores e passei a conhecê-los.

Em 2005, dois superintendentes da Lopes: Nelson e Edson, e suas esposas, Márcia e Rosane, abriram a Máxima - uma agência de promoção e eventos focada no mercado imobiliário. Precisavam de um assistente financeiro, conversamos e começou ali um importante ciclo.

A Máxima decolou rápido. Anos áureos, por volta de 2006, 2007, em que as grandes incorporadoras e construtoras investiam muito. Eram *shows* com cantores e bandas famosas, jantares sofisticados, ações diárias de *marketing* e sorteio de carros. Em um desses eventos, um dos nossos clientes, além de fazer uma grande festa, sorteou 1 milhão de reais.

Fiquei na Máxima até 2012 e até hoje me recordo da movimentação da agência e dos malabarismos para levar o cliente até o plantão de vendas. Lembro-me mais ainda das lições ensinadas pelo Nelson e Márcia. Obrigado.

Final de 2012, volto para a Lopes, mas dessa vez na PPAR – *holding* que gerenciava as imobiliárias de terceiros adquiridas pelo Grupo Lopes. Entre elas, Local, Maber e Ducatti. Fase de aprendizados, trabalhando com uma equipe muito boa e, principalmente, conhecendo melhor as operações imobiliárias, grandes e pequenas, de São Paulo e outras cidades.

No final de 2013, eu olhava a área de vendas novamente, mas, desa vez, de um jeito diferente. Era como se eu tivesse a chance de reunir todas as minhas experiências anteriores para uma revanche contra o fracasso de 2000 – como vendedor de cursos. Conversei com o diretor da PPAR, Arthur Sindoni, e saí em dezembro de 2013 deixando para trás salário fixo, PL, 13º, férias e outros benefícios.

Em janeiro de 2014, comecei a trabalhar como corretor em uma das empresas do Grupo Lopes: a Erwin Maack, na região do Alto da Boa Vista. Iniciei na equipe do gerente Paulo Mota, um dos mais completos gestores com quem já trabalhei. Foi uma passagem rápida, de cerca de seis meses, mas que aprendi muito. Inclusive tive a 'sorte' de fazer a primeira venda em 28 dias.

Segundo semestre de 2014, juntamente com mais três sócios, com quem tive a oportunidade de trabalhar na Lopes PPAR, fundamos a Nokkel Imóveis, no bairro do Campo Belo. Posteriormente, juntou-se a nós Marcel Forster, também como sócio.

Foi uma experiência riquíssima. Fomos juntos até início de 2016, quando eu decidi sair para novos desafios, e os amigos Fernando Ramirez e Rodrigo Braga seguiram à frente da Nokkel.

Finder 2016
No início de 2016, abri a Finder Imóveis para atender locação e venda, de imóveis residenciais e comerciais, sem valor definido, na região dos Jardins. Pouca clareza de nicho, mas com uma absoluta certeza: o cliente que nos procurasse teria um atendimento totalmente íntegro.

Eu sabia também que não queria equipe, que a estrutura seria enxuta e trouxe o Rodrigo, meu irmão, para trabalhar comigo.

Não demorou para nos pedirem o serviço de administração de imóveis, não era nosso plano, mas atendemos. Nesse ano, fizemos 9 vendas relativamente pequenas, algumas em parceria, e 21 locações, e fiquei muito sobrecarregado. Entendi que, se eu quisesse continuar fazendo uma boa consultoria, precisaria de ajuda. Ou foco.

Nos últimos meses de 2016, três cafés importantes:

1. Marcus Mizushima, grande amigo com quem eu havia trabalhado na Máxima, decide se testar como corretor e combinei de mostrar o pouco que eu sabia. Ele inicia na Finder.

2. Marcel Forster, com quem eu tinha trabalhado na Lopes e Nokkel - saímos na mesma época, chamei-o para conversarmos sobre uma possível sociedade.

3. Fábio Zarza, que conheci em 2014 na Lopes Erwin Maack, demonstra interesse em trabalhar na Finder. Mesmo eu não querendo uma equipe, decidimos testar.

Finder 2017
Nesse ano, começamos com o Marcel – sócio – responsável pela parte administrativa e financeira; Marcus sendo treinado

com locação; Fábio atendendo vendas e Rodrigo no suporte total, mas ainda estávamos sem objetivo ajustado.

No segundo semestre, com locações, administrações e algumas vendas acontecendo, fui deixando de atender clientes, passei a estudar e investimos alto em cursos, treinamentos e eventos sobre:

1. *Marketing* digital, tráfego na *Internet* e redes sociais.

2. Negociação, atendimento e experiência do cliente.

3. Comunicação assertiva – desde o *e-mail* (título, nº caracteres, pergunta no final, etc.) até à visita.

Eu participava dos eventos e treinamentos, alguns juntos com o Marcel, e depois discutíamos o que tentar aplicar. Após testes, passávamos para a equipe. Alguns davam certo, outros não, mas aos poucos absorvíamos conhecimento.

Finder 2018
Nos primeiros meses de 2018, o Marcel tem a oportunidade de morar fora do país e decide ir. Eu permanecia estudando. Marcus começava também a atender vendas e nesse momento deixamos de atender imóveis comerciais. O Fábio estava, desde o final de 2017, mais focado em casas na zona sul e somente acima de R$ 2MM.

Mesmo em um ano de Copa do Mundo e relativa incerteza política/econômica, os negócios estavam acontecendo. E mais mudanças:

1. Nos últimos meses do ano, os corretores Alexandra Natale e Bruno Guimarães, com quem já havíamos fechado venda em parceria, decidem vir para a Finder. Apesar de não querermos equipe, enxergamos valores e abrimos 2 vagas.

2. Em setembro, abrimos mão da locação residencial na região dos Jardins. Agora estávamos focados apenas em vendas residenciais nas zonas sul e oeste.

3. Final de 2018, após um ano acima da média, o Fábio parte para outros desafios fora da Finder.

Foi um ano de muitas lições, confirmações e também de resultados. Vendemos em 2018, com uma equipe bem compacta, pouco mais de R$ 32 milhões.

Finder 2019

A prioridade continuou sendo estudar, mas também voltei a atender clientes diretamente e decidimos:

1. Atender apenas 2 tipos de imóveis: casas em condomínio e apartamentos;

2. Atuar em apenas 4 bairros: Alto Da Boa Vista, Brooklin, Campo Belo e Jardins.

Também abrimos mão da administração de imóveis.

Além disso, em 2019 me aproximei mais de grandes profissionais que são referência no mercado imobiliário nacional, inclusive alguns deles estão aqui neste livro. Não dá para citar todos, mas é uma honra ser inspirado todos os dias.

O que eu aprendi até aqui

• **Valores morais:** os maiores corretores que eu conheço, desde a época da tesouraria, são, antes de excelentes profissionais, seres humanos de bons valores. O médio prazo elimina os que são exceção.

Estes valores que trago comigo, desde pequeno, hoje são nossa marca aqui na Finder.

• **Enfrente seus medos:** quando fui visitar as agências de carro, tive medo. Quando pedi demissão para ser corretor, após ter fracassado como vendedor de curso de inglês, tive medo. Quando ouvi que eu poderia demorar até 1 ano para fazer a primeira venda, também tive medo.

"Coragem não é sobre ausência de medo. É sobre enfrentá-lo."

• **Seja especialista:** com tantas possibilidades, é impossível saber tudo sobre todos os nichos. Se você tentar, no máximo saberá as características do imóvel e terá um problema: isso a tecnologia já faz e muito melhor do que nós. Os generalistas serão os primeiros a desaparecer.

Escolha um só nicho, estude-o muito, domine-o totalmente e se torne relevante.

"Foco é dizer não."
Steve Jobs

Capítulo 2

Manual do corretor de imóveis: suas atitudes serão chaves para as vendas

Anderson Skoretzky Trinca

No dia a dia dos corretores de imóveis há inúmeras oportunidades. Durante muitos anos, percebi a diferença entre os que aproveitam ou não a maioria delas. De forma simples, vou expor a minha opinião. Vamos analisar?

A chave da venda de imóveis

Anderson Skoretzky Trinca

Corretor de imóveis há 17 anos, experiências adquiridas na Lopes, como corretor, e na Empresa Viana Negócios, em São Caetano, como coordenador, gerente e superintendente, com atuação em mais de 100 lançamentos de imóveis na planta. Diretor comercial da Imobiliária Link, do Grupo Construtora e Incorporadora MZM. Atualmente, corretor de imóveis autônomo com o Programa de Vendas (treinamento para corretores). Especializado na formação de profissionais de qualidade; focado em gestão de equipes de vendas que, na somatória de seus resultados, já comercializaram mais de 400 milhões de reais de VGV sob sua gestão. Formou e geriu mais de 500 corretores de imóveis ao longo da carreira e vendeu mais de mil imóveis. No ano de 2019, organizou a 4ª Edição do Compartilha Corretores de Imóveis (evento gratuito para os corretores da região com intuito de capacitação e informações do mercado imobiliário).

Contatos
www.andersontrinca.com.br
contato@andersontrinca.com.br
Instagram: @andersontrincacorretor
(11) 94790-9058

Iniciante no mercado imobiliário

A maioria chega ao mercado imobiliário buscando alternativas de trabalho, por não ter encontrado nada, mesmo com indicações de profissionais da área. A visão geral de quem está começando é: "vou ganhar muito dinheiro, não deve ser difícil. É simples, apenas preciso vender e ganhar comissão".

Sem preparo algum, apenas com um curso TTI, já saem para o mercado de trabalho. Mesmo assim, alguns, na sua minoria, superam as expectativas e já obtêm ótimos resultados.

Vou contar aqui o meu exemplo: em 2003, fiquei desempregado e, depois de procurar algo na minha área de atuação, fui convidado por um dono de construtora, para vender seus imóveis. Imediatamente, comecei a pesquisar como fazer para cursar o TTI, e logo depois já estava contratado por uma grande imobiliária de São Paulo.

Com sete dias de preparo, algumas aulas de comportamento, chegou a minha escala, já com dias e horários determinados, em locais que não conhecia. Uma linda frase de apoio era: "é simples, só preciso vender". Estava confiante e, ao mesmo tempo, nervoso, pois sabia que não tinha nenhum preparo. No dia seguinte, cheguei cedo para o plantão que iniciava às 8h45min. Às 7h10min. da manhã, já estava colocando a placa de corretores de plantão no Jardins da Aclimação, quando uma senhora me perguntou:

— O senhor é corretor?
Respondi um pouco nervoso:
— Sim. Só ainda não conheço o empreendimento.
Ela respondeu:
— Posso conhecer?
— Sim, claro, por favor.

Em resumo, às 11h da manhã, já estava eu com a cliente na imobiliária, assinando contrato. Hoje, tenho certeza, uma coisa foi importante naquele momento: chegar duas horas antes. Portanto, vai a primeira chave para as vendas: "pontualidade".

Técnicas simples de bom comportamento

É normal o corretor de imóveis focado em vendas acabar se deixando levar pela ansiedade, pressa, nervosismo e falta de atenção. Isso pode ser um erro fatal, pois lidamos com pessoas que, facilmente, podem perceber isso.

É fundamental que o foco seja em pessoas, assim, você já inicia o atendimento com calma, educação, disponibilidade, gentileza e respeito. Use e abuse de frases como: "seja bem-vindo", "agradeço a confiança", "obrigado", "vou esclarecer todas as suas dúvidas" etc.

Já sei, você deve estar pensando – mas nem sempre consigo manter essas atitudes diante de clientes mal-educados, grossos e que, na verdade, só querem explorar o corretor de imóveis. A verdade é que lidar com pessoas é uma arte, e você tem que estar preparado para lidar com essas situações.

A sua imagem como profissional do mercado imobiliário

A nossa profissão é mesmo um grande desafio. Todos os detalhes são importantes para que consigamos chegar ao nosso objetivo. Um deles é a nossa imagem e, quando falo sobre isso, estou falando de todos os tipos – profissional, pessoal e até mesmo aquela que você nem imagina passar. Mas, então, o que devemos fazer? Comece pelos cuidados com os seus asseios – corte de cabelo, unhas limpas, barba bem feita para os homens, odor agradável, maquiagens não marcantes para as mulheres etc.

Lidamos com pessoas e, por isso, a nossa aparência é extremamente importante. Todos nós somos também clientes e sabemos que a primeira impressão é a que fica, por isso, use roupas adequadas e tenha cuidado com todos os detalhes – sapatos sempre limpos e engraxados; para as mulheres, cuidado com decotes, roupas de cores neutras ajudam. Além disso, cuide do aspecto profissional, um crachá de identificação, por exemplo, ajuda muito.

Momento único: você frente a frente com o cliente

O que fazer:
- Nunca dê as costas.
- Olhe nos olhos e repare nas reações.
- Escute-o atentamente.

- Se não souber responder, diga que irá checar a informação.
- Escute mais e fale menos.
- Sonde o cliente, procure saber informações relevantes sobre ele.
- Saiba dizer não no momento certo e, em seguida, argumente.
- Fique atento aos gestos positivos e negativos dele.
- Apresente-se antes do atendimento.
- Repita o nome do cliente durante o atendimento.
- Faça o cliente perceber que seu foco está em ajudá-lo.
- Fale de valores de forma clara e com firmeza.

O que não fazer:
- Não atenda o celular, pois o cliente é o seu foco.
- Não ofereça desconto, negocie.
- Não fale mal do seu concorrente, aproveite para mostrar os diferenciais do seu produto.

Papéis do corretor de imóveis

- Conhecer o produto, procurar saber todos os detalhes do empreendimento, seja ele um condomínio, apartamento, casa, lote, comercial. A expectativa do cliente é que você seja o especialista que poderá ajudá-lo.
- Conhecer o mercado, trabalhar em uma região que domine as informações de todos os empreendimentos, assim poderá argumentar de forma segura e correta, passando segurança e credibilidade.
- Vender solução, pois todo cliente, ao procurar um imóvel, está à procura de solucionar questões como: morar próximo ao trabalho, escola dos filhos, proximidade dos amigos, fácil acesso ao comércio. Procure, de forma sutil, descobrir essa questão e focar na solução.
- Agregar valor, pois, por natureza de vendedor, muitas vezes, focamos no preço e esquecemos de mostrar os valores que poderão ser agregados, como, por exemplo, detalhes na arquitetura, acabamento, localização e paisagismo.
- Vender a empresa: você é a sua empresa ou trabalha representando uma empresa imobiliária ou construtora. Aproveite para falar sobre a sua experiência como profissional, quanto tempo já atua no ramo imobiliário e, no caso de construtora, quais foram as obras.

- Negociar: muitos, quando escutam a palavra negociar, logo imaginam desconto. Você, primeiro, escute o seu cliente atentamente e faça perguntas que irão ajudar e, depois, comece a negociação implantando ideais diante do seu parâmetro de negociação.
- Assessorar, procurar, durante todo o processo de atendimento, orientar, ensinar, ajudar e, dessa forma, fazer com que o seu cliente se sinta amparado por um profissional que está preocupado em fazer o melhor.
- Gerenciar: é normal que o cliente procure vários empreendimentos e corretores, porém, você, como profissional, terá que gerenciar todas as informações possíveis referentes a eles, para que assim consiga acompanhar todo o processo de compra. Em resumo, cada cliente está no seu momento de compra, pesquisa e curiosidade. O gerenciamento dessas informações irá facilitar o seu trabalho e aumentar os seus resultados.
- Conhecimentos gerais: recomendo sempre procurar ler sobre assuntos diversos, pois lidamos com pessoas de diversos níveis culturais, e o conteúdo da sua conversa será importante para atrair a confiança e credibilidade.
- Desenvolver relacionamentos: para esse tema, vou colocar parte do capítulo que escrevi no livro *Networking & empreendedorismo*, como um dos coautores:

> O grande desafio no concorrido mercado imobiliário da Grande São Paulo. *Network*: todos os mercados são concorridos, e ganhar espaço nesse contexto exige uma série de qualidades, como atitude, criatividade, ousadia, planejamento, organização, persistência, resiliência, entre outras. *Network* (desafio): quando colocamos como um grande desafio aumentar a nossa rede de relacionamentos, logo encontramos caminhos e possibilidades. Na teoria, fica simples. Na prática, temos que ter planejamento, organização e, em minha opinião, o mais importante, ação. Durante o seu dia de trabalho, reserve um tempo para pensar em novas possibilidades, novas ideias. Anote tudo, depois, inicie. Algumas dicas: fale, todos os dias, com pelo menos uma pessoa que você

não conheça. Peça indicação para os seus contatos já existentes e estipule metas. Com pequenos resultados positivos, a sua motivação aumenta. *Network* (atitude): na maioria das vezes, começamos a frase com a palavra "se", quando o correto seria "vou". Por exemplo: "se fosse possível falar com aquela pessoa". Olhe a diferença nesta frase: "vou falar com aquela pessoa." O *network* de atitude é como pular de um paraquedas, ter coragem e arriscar. Sempre com humildade, educação e empatia.

Resiliência do profissional no mercado imobiliário

Durante a sua caminhada nessa profissão maravilhosa, terá muitas alegrias, conquistas e vitórias. Mas, para isso, a sua mente tem que estar preparada para ser resiliente, pois poderá passar por momentos difíceis, amigos e pessoas próximas tentarão desanimá-lo, outras motivá-lo. Nem tudo será um mar de rosas. Em algumas situações, clientes irão testar a sua paciência, resistência e persistência.

Considerações finais

Com honestidade, caráter e humildade você consegue avançar, e mais importante do que a velocidade é a direção. Sonhos são importantes para que possamos traçar novos objetivos e metas. Coloque Deus no coração, dê sempre prioridade para sua família e tenha muita atitude.

Dedicatória

A minha esposa, Erika Skoretzky Trinca, que sempre esteve ao meu lado, nas alegrias e tristezas, e que cuida muito bem da nossa princesa, Ana Carolina, que, inclusive, agradeço por participar deste projeto, ajudando com lindas palavras. Amo vocês!

Agradecimentos

A todos os meus clientes, amigos que trabalharam comigo em toda essa trajetória, líderes, gerentes, diretores e empresários que conheci. Todos, com certeza, contribuíram para o meu crescimento profissional. E, principalmente, a Deus, pela bênção da vida.

Capítulo 3

Os passos para o sucesso com a comercialização de loteamentos

André Terra Roberto

Seguir a metodologia correta e ter paixão pelo trabalho são medidas essenciais para o sucesso na comercialização de loteamentos. Este capítulo apresenta, de forma clara, o passo a passo do que deve ser feito em cada etapa do processo.

André Terra Roberto

Gestor da SFT Imobiliária, formado em gestão imobiliária, iniciou sua carreira aos 11 anos de idade. Atuou em diversos segmentos, vendendo ovos, salgados, álbuns de formatura, lubrificantes automotivos e *marketing* multinível. No ano de 2015, aos 31 anos, começou sua experiência no mercado imobiliário com o lançamento de um empreendimento na cidade onde morava. Passou a atuar como corretor e, logo após, fundou a SFT Imobiliária. Fez vários cursos de capacitação profissional, pessoal, vendas, liderança e consultoria. Hoje, a SFT Imobiliária é referência em vendas de lotes em bairros planejados e condomínios fechados. Em ampla expansão, consolida-se no Mato Grosso do Sul e almeja expansão nacional.

Contatos
sftimobiliaria.com.br
andreterra@sftimobiliaria.com.br
Facebook: SFT Imobiliaria
Instagram: sftimobiliaria

André Terra Roberto

Introdução

Já observou aqueles empreendedores que buscam angariar fundos e investimentos para seu negócio? É um trabalho complexo, de longo convencimento. Normalmente, eles precisam estar em um tempo exato. Necessitam encontrar o momento certo, a hora certa, e saber quando ouvir e quando falar.

Além do tempo, uma pessoa que busca fundos para um empreendimento precisa saber argumentar. É importante mostrar por que aquele negócio vai dar certo, prosperar e também mostrar os benefícios aos investidores. Bons argumentos e profundo conhecimento do negócio é, no mínimo, essencial para conquistar o tão esperado investimento.

É importante mencionar que a negociação é algo crucial. Como é a forma de pagamento, qual é o prazo para retorno e detalhes de cada aporte. Realmente são múltiplas habilidades exigidas para essas "pessoas que buscam investimento".

O mercado imobiliário no setor de loteamentos é bem parecido com isso, a diferença é que é um pouco mais complexo! Em vez de buscar um investidor, procurar algum evento para conseguir fundos ou ter um período específico de busca, todo esse processo é apenas mais um dia de trabalho para um corretor de imóveis especialista em loteamentos. Desenvolvimento de habilidades de planejamento, estruturação, conhecimento do empreendimento, técnicas de argumentação e negociação são apenas teorias do trabalho.

Na prática, trabalhar com loteamentos, dependendo da fase do empreendimento, é como trabalhar com "produtos" diferentes. Neste capítulo, são descritas as fases de um loteamento e é fácil perceber como a forma de trabalho se altera. É possível notar também que habilidades diferentes são exigidas em cada etapa do projeto.

Trabalhar com loteamentos é algo incrível e que traz uma imensa satisfação a curto e longo prazo. Comercializar um imóvel que, no exato momento da venda, nem sequer existe e, após algum tempo, ter o prazer de ver uma construção sendo feita sobre aquele terreno, é uma satisfação difícil de explicar.

Este capítulo é dividido em subtópicos que mostram cada fase das etapas. Aqui é explicado exatamente o caminho para o sucesso na comercialização de loteamentos. É importante ler cada parte deste capítulo e adaptar as estratégias para sua região. Lembre-se, nenhum loteamento é igual, mas as técnicas mostradas aqui são de valia para o mercado como um todo.

Fases de um loteamento

Pré-lançamento

O trabalho começa bem antes do dia do lançamento. Toda a parte estratégica e o empenho em pesquisa e estudo são realizados nesse momento. O pré-lançamento é a base para obter o sucesso nas vendas de um loteamento. Começar bem é o primeiro passo.

Quando uma incorporadora desenvolve o projeto de um loteamento, esse trabalho começa a ser realizado com até cinco anos de antecedência. Pensando assim, a parte estratégica da comercialização também pode ser realizada dessa forma. O *timing* é muito importante nesse momento, pois é necessário ter exatidão na hora de iniciar e dar procedimento em cada etapa.

Conceito: saber o conceito do loteamento é o primeiro passo, porque é a partir dele que surgem todas as estratégias a serem tomadas pela imobiliária. Forma de comunicação, *marketing*, abordagem e negociação dependem do conceito do loteamento para serem feitas.

Estudar sobre padrão, público-alvo, estilo arquitetônico, conceito das ruas, tamanhos dos lotes, unidades a serem comercializadas e localização é essencial para traçar a estratégia correta a ser tomada pela imobiliária nos próximos passos.

Ter um bom relacionamento com a incorporadora é de suma importância nessa etapa, pois ela vai passar todas as informações necessárias sobre o novo empreendimento. É preciso entender que, de forma alguma, devem ser realizadas vendas. Nessa etapa, é provável que o R.I. (Registro de Incorporação) do loteamento nem tenha sido feito.

Pesquisa

Depois que a equipe estudou o empreendimento e tem conhecimento aprofundado sobre o produto, o foco passa a ser as pessoas.

É importante saber o que esperam do negócio e qual a dor que podemos curar com o imóvel que temos a oferecer.

Com essa ideia na cabeça, a melhor forma de obter essas informações é perguntar aos futuros compradores.

Uma pesquisa deve ser realizada com o público-alvo do loteamento. Exatamente por esse motivo que deve ser feito de forma correta os estudos da etapa anterior. Nessa pesquisa, são feitas perguntas de preço, forma de pagamento, o que os clientes pensam sobre o que o loteamento tem a oferecer, o que acham da localização e o mais importante, se estão dispostos a comprar.

A pesquisa é muito importante para a coleta de dados concretos sobre as pessoas que estão buscando comprar o produto. Tabular os resultados ajuda a fazer um ajuste fino no produto e entender quais são os pontos fortes e fracos. Outra coisa que é possível obter a campo é a forma de vencer possíveis objeções.

Na pesquisa, é importante identificar os *leads* quentes, as pessoas que estão com vontade de comprar o loteamento, não precisamos nem falar quem são os primeiros a serem contatados no lançamento.

Importante: essa pesquisa deve ser feita pelos corretores de imóveis que estão dispostos a vendê-lo.

Engajamento: a equipe comprometida vai proporcionar o sucesso do negócio. Nesse momento, os gestores conversam com o time, alinham objetivos e incentivam os corretores de imóveis. Colocar toda equipe no mesmo ritmo é uma tarefa que deve ser feita, pois esse processo vai ser de suma importância na próxima etapa.

Lançamento

Esse é o momento do *show*! É nessa hora que todo o trabalho duro que foi feito durante o pré-lançamento é colocado em prática. É essencial que a equipe de vendas e, principalmente, a administrativa esteja em muita sintonia. As vendas são liberadas por sistema para todas as equipes simultaneamente, e esse trabalho tem que ser rápido e eficaz, voltando um pouco antes. É necessário fazer um alinhamento com os futuros clientes compradores, seus níveis e regiões de interesse. É fundamental, no momento da abertura do sistema, estarem todos já preparados e alinhados com a equipe administrativa.

Gestão de pessoas e conflitos

O nível de tensão psicológica e estresse é elevado ao extremo. Imagine a necessidade de obter alta *performance* com a pressão do tempo, tensão do lançamento e ansiedade. É importante lembrar que, até então, não foram citadas questões pessoais de cada membro da equipe, então, entender que a gestão de pessoas é um passo crucial é essencial para a alta *performance* em um lançamento.

Também é comum ocorrer muitos boatos, principalmente entre potenciais clientes que são atendidos por vários corretores. A orientação é constatar a veracidade dos fatos, antes de sair acusando, e conversar com o corretor com o objetivo de orientar, para que ele continue fazendo o seu papel de forma íntegra, e não focar na situação ocorrida, isso pode ser fatal para algumas pessoas. Seguir em frente sempre é a melhor opção e não ficar remoendo os fatos.

Os conflitos também podem surgir com a delimitação das áreas de trabalho e proximidade de pontos de atendimento da imobiliária, com o loteamento, geralmente é instituído um raio de atuação, respeitar as regras da incorporadora é fundamental para o sucesso. Para você, gestor ou corretor de imóveis, manter o foco, sempre vai haver inúmeras situações, é um momento em que as emoções ficam à flor da pele. Ter consciência disso ajuda muito a saber o que é relevante e o que não é. Estar psicologicamente preparado é uma das grandes chaves para o sucesso da equipe no lançamento.

Com todas as emoções à flor da pele, a equipe fica ansiosa e é importante saber a medida exata de motivá-la, de forma que ela entenda que o sucesso depende do bom trabalho de cada um. Tirar alguns minutos para conversar individualmente com cada membro do time pode dar um excelente resultado como um todo. Para motivar, é importante conhecer a equipe, e com certeza não é no lançamento que isso deve ser feito.

Como tudo ocorre de forma muito rápida no lançamento, é importante olhar o time como um todo e entender qual é o momento certo de posicionar cada membro da equipe. Cada negociação pode trazer um tipo de sentimento diferente aos corretores. Um corretor pode fazer várias negociações em um dia de lançamento e receber muita carga. No fim do dia, é importante fazer uma reunião ou um momento de descontração para aliviar a tensão da equipe.

Saber alinhar o pensamento de cada corretor de imóveis é de extrema importância. No lançamento, um corretor sem foco e desmotivado pode afetar o desempenho de toda a equipe. O gestor deve mostrar que está com a mão na massa e que está trabalhando junto com todos.

Negociação

Sucesso é saber negociar, e negociar não é apenas preencher propostas, é saber se conectar com o cliente, estar preparado tecnicamente sobre o empreendimento a ser lançando, sobre suas características, região que se localiza e, principalmente, descobrir os benefícios que os futuros moradores terão adquirido o terreno.

Os valores são definidos pela incorporadora, elaborada uma tabela de preços, as formas de entrada e parcelamento. A venda de loteamentos no lançamento é uma venda mais agressiva e de decisão rápida. Entender o cliente e saber desenvolver uma forma de pagamento que caiba em seu orçamento requer muitas habilidades e treinamentos antes do lançamento e é fundamental para o maior número de conversão nas vendas.

É importante lembrar que os corretores de imóveis precisam estar seguros do produto, da negociação, e mostrar essa segurança para o cliente. Entender a real necessidade e os objetivos dele é de grande valia para auxiliá-lo no plano ideal.

Pós-lançamento e estoque

Alguns loteamentos têm muitas unidades e essas não são todas vendidas no lançamento. O pós-lançamento é um momento importante para vender, pois a concorrência diminui e é possível fazer um trabalho focado com mais atenção a cada cliente.

A euforia já não existe, mas ainda é possível encontrar pessoas com a necessidade que podemos auxiliar com o lote que temos para a venda. O custo de *marketing* fica mais baixo e é possível captar interessados em outras áreas de abrangência e outros segmentos podem ser explorados.

Com o pós-lançamento podem surgir alguns problemas, como a falta de motivação ou até mesmo o bom resultado no lançamento pode fazer alguns corretores ficarem mais tranquilos e diminuírem o ritmo. Esses problemas podem ser gerenciados com reuniões de motivação e posicionamento da equipe. Uma sugestão é mostrar quais oportunidades ainda estão disponíveis.

A equipe, como um todo, nesse momento, está um pouco mais desgastada pelo forte esforço no lançamento. Então, é importante entender a real necessidade de cada membro e adaptar a forma de trabalho de cada pessoa.

O estoque pode trazer grandes oportunidades de venda e ótimas negociações. Uma coisa importante a ser feita é lembrar que, durante a fase de venda de estoque, é que deve ser feita em conjunto a fase de pré-lançamento. Então, é importante definir quais integrantes da equipe vão efetuar as tarefas e quem vai se empenhar nas vendas do estoque.

Uma dica importante é lembrar que a venda de estoque é o melhor momento para treinar novos corretores de imóveis iniciantes. Esses corretores de imóveis estarão mais preparados e treinados na hora do próximo lançamento. Treinamentos e estudos são muito bem-vindos nesse momento.

Conclusão

Trabalhar com loteamentos é um processo de entrega antecipada de objetivos. Obter a forma correta de desenvolver cada etapa do processo é o caminho do sucesso nesse tipo de negócio.

Cada passo citado neste capítulo acontece de forma planejada e estruturada. Os corretores de imóveis e gestores precisam estar preparados para lidar da melhor forma possível em cada situação.

O processo acontece de forma antecipada, em média de dois a três meses antes do lançamento. Todas as etapas são importantes e dependem uma da outra. Sendo assim, desenvolver todas as partes do processo com excelência irá garantir o sucesso das vendas como um todo.

Além da equipe comercial, deve haver muita sintonia na relação entre a equipe de vendas, gestores e equipe administrativa. É um processo de envolvimento mútuo e, nesse período, é preciso muita entrega e dedicação acima dos dias normais.

Trabalhar com loteamentos traz um envolvimento muito acima da média e se não amar o que faz, você não vai conseguir alcançar os resultados. É uma entrega incondicional.

Perguntamos aos integrantes da nossa equipe o que eles sentiam quando trabalhavam com loteamentos. Tivemos respostas como: "sinto muita satisfação, nasci para fazer isso, fico feliz em realizar objetivos, tenho muita satisfação em auxiliar em uma conquista, eu estou vendendo um sonho, é encontrar um propósito de vida, me sinto um catalisador de sonhos e trabalhar com loteamentos é como ver um filho crescendo".

Capítulo 4

Lições praticadas em mercados dinâmicos úteis aos imobiliaristas

Caio Montagner

Inteligência de mercado é uma escola de aprendizado coletivo recorrente. Seu ciclo, com cinco etapas essenciais, permite evoluir em ambientes competitivos por meio de novos comportamentos lográveis com práticas diárias.

Caio Montagner

Economista, professor de MBA em inteligência de mercado e *supply chain*; especialista em análises competitivas; análise estatística, *design thinking* e *geomarketing*. Entre consultorias, *workshops*, orientação de TCCs e aulas, assistiu centenas de empresas na implantação de rotinas de inteligência, previsão de vendas, mapeamento da jornada do consumidor e redesenho de processos. Atua como *broker/owner* em uma agência da multinacional americana RE/MAX, com venda, locação e administração.

Contatos
www.remaxxavante.com.br
caiomontagner@remax.com.br
LinkedIn: Caio Montagner
(11) 98964-9338

Venda é a saída, o resultado do esforço e a operacionalização de um processo. Precisamos admitir que o vendedor não controla a venda, mas tem alavancas, pontos de controle que pode puxar.

É medindo cada etapa, cada ação, que saberemos em que parte exata do processo de venda se faz necessária a sua intervenção. Visão que já é clara para outros setores da economia há mais de 30 anos, como na célebre frase de Deming, "não se gerencia o que não se mede". Essa sistemática deflagra o que precisa ser visto para a excelsa condução do processo de venda e não pode ser confundida com "o que queremos ver" enquanto indicadores.

Durante os meus anos como conselheiro do Grupo de Práticas de Inteligência de Mercado, o GPIM, e como professor de pós-graduação em *marketing* estratégico na Live University, pude perceber fundamental diferença entre o agente vendedor do meu mercado, o imobiliário, e os demais mercados dinâmicos de alta *performance*: atinência real a um processo de venda.

Religiosamente repetido, de maneira diligente e realista, o processo de venda deixa de ser acidental, casuístico, e passa a ser previsível, monitorado, ajustado e controlado. O resultado disso é que o agente vendedor passa a ter um comportamento consciente, responsável pela gestão do imóvel que se dispôs a vender.

Assim, a venda acontece como resultado de suas ações premeditadas. Em mercados dinâmicos, que têm como uma de suas características mais expressivas a mudança, a forma identificada como mais eficaz de ativamente buscar a sobrevivência é a capacidade de mudar antes, durante e depois das trocas de marés.

Kaplan e Norton, professores da Harvard Business School, nomeiam essa importância de aprendizado e desenvolvimento dos colaboradores da companhia, comparando sua importância com a do lucro, da satisfação do cliente e da otimização dos processos internos. Esse *benchmark* tem muito a agregar ao profissional gestor e corretor de imóveis.

O cenário do nosso mercado

Com o advento dos portais, corretores e imobiliárias confundiram volume com tamanho e *performance*. Incharam suas carteiras com captações inócuas, fora do preço e com baixa liquidez. Eu mesmo fiz, durante anos, hercúleo esforço para quintuplicar a carteira de uma empresa que tinha mais de 35 anos. Naturalmente, não houve conversão equivalente em vendas. Faltava-me entender que não era ter o produto que traria as vendas, tampouco anunciar nas melhores e mais modernas mídias que venderia o imóvel.

O excesso de anúncios afogou os compradores, estes estão mais criteriosos do que nunca. Adiciona-se, ao arrefecimento da venda tradicional, a fartura da informação sobre a oferta disponível, que era parte integrante da proposta de valor do corretor de imóveis, ter se banalizado pela disponibilidade à mão dos compradores.

Para nós, profissionais vivos do mercado imobiliário, sujeitos a errar, mas dispostos a aprender com experiências e tropeços, é momento de capturar necessidades e ressignificar nosso modo de gerar valor. A boa notícia é que há profissionais que lidam com mudanças e cenários múltiplos há muitos anos: analistas de Inteligência de Mercado (IM).

O exercício de hoje

Enquanto provedores de solução de valor, empresas inteiras e seus agentes de vendas devem formatar a sua proposta comercial, ajudando o cliente a desvendar o porquê de buscar o que ele diz querer, qual dor o move e quais necessidades precisa que respeitemos durante a nossa relação.

O exercício do agente imobiliário de hoje é o de auxiliar o cliente para que ele decida o que é melhor para ele. O corretor imobiliário não pode repetir o que os portais já fazem: dispor tudo o que tem na carteira e, assim, confundir ainda mais o cliente em seu processo decisório. Com o avanço de empresas que se dispõem a conectar compradores e vendedores de maneira digital e automática, não é sustentável comutar como mais uma simples prateleira de imóveis.

Uma visão para esse desafio pode ser emprestada da caixa de ferramentas apropriada pelos profissionais de inteligência de mercado, com origem no *design thinking*: o mapa de empatia. Com ele, vislumbramos o que nosso cliente pensa, vê, sente e ouve, para entendermos melhor como plugar o benefício que nossa solução traz.

Outra técnica bastante eficaz emprestada dessa caixa de ferramentas, que traz bastante eficácia, é ofertar valor por meio da sigla CVB (Característica, Vantagem e Benefício). Desde o anúncio até o *script* em uma condução de visita, as características do imóvel são comunicadas pelas vantagens que trazem e, por sua vez, como se traduzem em benefícios para aquele cliente, que mudanças em sua vida essa nova casa trará, que dores ele não mais sentirá com essa nova morada.

Você pode estar pensando: "essas ferramentas não são exclusivas aos profissionais de IM". E terá razão em afirmá-lo. O que os analistas de IM fazem, em essência, é emprestar conhecimentos das diversas ciências e aplicá-los conforme conveniente, respeitando a um ciclo de cinco etapas para evoluir em ambientes de mudanças constantes.

O ciclo de inteligência de mercado para nós

Um mesmo desafio, ou problema, pode ser lamentado ou comemorado com inspiração otimista, como uma oportunidade de melhoria. Desde os tempos de Jan Herring na Motorola, os analistas de inteligência listam todas as dores e problemas dos tomadores de decisão e escolhem a quais irão endereçar a sua atenção. Uma vez feito isso, transmutam o problema para um entregável, uma solução.

Vamos a um exemplo: João cogita mudar de casa porque está incomodado com o fato de seu filho pré-adolescente não ter um lugar seguro para praticar esportes. Uma tradução desse problema, que tira o sono de João, para um entregável é: listar condomínios residenciais com quadra de esportes, próximo à escola e/ou residência atual da família, que tenham unidade à venda e caibam no seu orçamento.

Podemos ainda nos perguntar: quanto cabe no seu bolso? Há algum esporte que o filho dele goste mais? O que nosso cliente comprador não tem na casa atual e gostaria de ter na casa nova?

Chamamos a etapa que antecede a "sair correndo para mostrar imóveis" de Planejamento. Essa fase começa cara a cara com o cliente e consta de uma interação consultiva, amigável e interessada na pessoa, e não na venda.

A fase seguinte é chamada de Coleta, que consiste em responder às perguntas listadas na fase de planejamento. Uma simulação de renda bruta familiar de João, uma conversa por telefone, ou logo na primeira visita, para entender as necessidades da família e uma busca na carteira de imóveis junto aos agentes imobiliários especialistas das áreas de interesse do cliente. O uso do conhecimento da localização para enquadramento de ações de *marketing* tem nome, e os analistas de IM usam esse *geomarketing* para encontrar a melhor correspondência do DNA da empresa com as praças onde estão seus *prospects*.

Respondidas as perguntas, vem a terceira etapa do ciclo de inteligência. A mais humana e a mais difícil de mimetizar com os mais avançados *softwares*: análise.

Para a IM, análise é o momento de organizar os dados e compilá-los de forma a termos informações úteis. Com as informações agregadas e compreendidas, evoluímos o nosso entendimento da dor de nosso querido João. Esse conhecimento sobre o cliente, se for utilizado a seu favor, com recomendações e *insights* úteis, entrega a inteligência que trabalha gerando valor reconhecível e desejado por ele.

Ainda que a análise seja a aplicação de bom senso, ela pode ser abrilhantada com a experiência e conhecimento prévios de predecessores analistas, como "quem sobe no ombro de gigantes" para ver mais longe, nas palavras de Isaac Newton. Por isso, o profissional usa de uma caixa de ferramentas para compor suas análises: ciências naturais e humanas, *softwares*, técnicas, métodos e modelos. A transformação manufaturada do *prospect* beneficia-se da terceira fase do ciclo.

A disseminação dessa análise que, para os analistas de IM, consta de reuniões, exercício de diplomacia política dentro da organização, *workshops* e dedicação artística, para o agente imobiliário é a humana relação de apresentar as propriedades escolhidas a dedo e expor a razão daquelas visitas no decorrer, auxiliando o cliente a se reconhecer na nova morada.

A quarta etapa do ciclo é de fundamental importância para a venda consultiva, uma vez que é a oportunidade de conectar o cliente à proposta de valor escolhida. Um corretor que apresenta uma sala pelas suas características perde a oportunidade de usar dos benefícios (CVB) para iluminar o processo de escolha do cliente. Sem esse cuidado, o nosso corretor se equipara a um site imobiliário, com frases padrão e *tour* virtual com o mesmo tempero para todos os milhões de *smartphones* e aplicações de realidade virtual do nosso país.

A quinta e última etapa do ciclo é conhecida como avaliação. A cada entrega, tanto o analista de inteligência quanto o agente imobiliário podem checar se a sua entrega teve valor, se foi utilizada a contento e gerou impacto no cliente, seja ele um *stakeholder* de uma companhia ou o nosso amigo João. Podemos ir validando com ele o que atendeu às expectativas, onde podemos melhorar e ir, com transparência, refinando o nosso trabalho de forma dinâmica, como é característico de nosso mercado, até efetivar a transação.

Evoluir hoje para ver o futuro
Vale notar que a função da experiência manufaturada exige mais investimentos do que atender aos clientes de maneira massiva, e não trabalhar em rede traz um grande risco de se tornar uma boutique vazia.

Os *players*, que hoje vendem *leads* nesse mercado farto e confuso a compradores e vendedores, criaram uma nova dor. Se levarmos em conta a sua capacidade dinâmica para repensar a relação com o cliente, continuarão oferecendo novos serviços para essas novas dores, como a oferta da compra direta pelo portal anunciante com uma margem agressiva, porém certeira, cientes de que com uma pequena reforma podem revendê-la ao mar de interessados do seu *marketplace*.

A compra antes da captação não é novidade, no entanto, para leilões, anúncios, ofertas preferenciais, onde houver valor e posicionamento, poderá haver um mercado.

Em conclusão, em mercados dinâmicos, com mudanças intensas e constantes, podemos aprender a partir das experiências alheias. O corretor de imóveis pode se aproximar dos analistas de inteligência, ao se determinarem capazes de transformar dados em informação, informação em conhecimento, conhecimento em inteligência. O ambiente dá sinais, e não saber transformar essa leitura em ação é o equivalente a perder um dos cinco sentidos na experiência da vida.

Capítulo 5

Alcance todos os seus sonhos, você pode!

Denisia Cristina Pinto

Prepare-se para uma história recheada de motivações e inspirações que o fortalecerão, de modo a acreditar que os seus sonhos e objetivos são possíveis. Desde a minha infância alguém acreditou em mim e me disse que eu poderia conseguir tudo o que sempre desejei. Por isso, se eu posso, você pode!

Denisia Cristina Pinto

Empresária do ramo imobiliário há mais de dez anos e reconhecida pelo seu trabalho no mercado de imóveis. Ministra cursos presenciais e a distância, que elevam a autoestima e impulsionam a carreira dos profissionais corretores. Bacharel em Direito pela Universidade de Taubaté (UNITAU), e delegada do CRECI-SP, na cidade de Aparecida do Norte. Empreendedora; palestrante; formada pelo Curso Magna – Transformação empresarial; *master coach* pelo IBC (Instituto Brasileiro de Coaching). Treinadora motivacional – *Power Trainer* UL – pelo Instituto Rodrigo Cardoso, e apresentadora do programa Você pode, da Rede RVC.

Contatos
www.palaceteimobiliaria.com.br
palacete.denisia@gmail.com
(12) 99703-0587

Denisia Cristina Pinto

Todos nós temos uma força, muitas vezes, desconhecida, clamando para ser explorada, que só se desenvolve se tomarmos algumas atitudes, ações.

A partir desse momento, o convido a pensar em seus objetivos e em quais caminhos você está seguindo para alcançá-los. Uma dica: para realizar o seu grande sonho, concentre-se naquilo que você quer e não naquilo que não quer. Isso o ajudará a ver, tocar, criar, sentir, provar o que conseguiu, estará condicionando a sua mente a atrair o foco do seu desejo para você.

Sou Denisia Cristina, empresária de sucesso do ramo imobiliário, empreendedora, mãe de três filhas, casada com o também empresário, Fábio Guillon, uma eterna apaixonada pelo desenvolvimento humano tanto na área pessoal como profissional. Há mais de dez anos, estudo o comportamento humano e aplico as técnicas e os conhecimentos que adquiri nas minhas empresas. Mas, essa história de sucesso é resultado de muitas batalhas vencidas, por isso, enganam-se os que pensam que poucas foram as guerras.

Sou natural da cidade de Aparecida, localizada no interior de São Paulo, a 170 quilômetros da capital paulista. Nasci no ano de 1977, na Santa Casa de Misericórdia, fruto de uma gravidez não planejada. Filha de pais cegos, toda a gestação da minha mãe foi marcada por atos de violência, pois o meu pai, que era alcoólatra, não aceitava o fato de ter ficado cego aos seis anos, em razão de um acidente.

Minha mãe, mesmo sofrendo, sempre me protegia no seu ventre. Esse amor incondicional permitiu que eu nascesse. Fui criada no Lar São Vicente de Paula, popularmente conhecido como Lar dos Idosos de Aparecida. Por lá, morei até os meus cinco anos. Meus pais não tinham moradia e o padre Luiz Teixeira, que era pároco na cidade de Potim, cedeu uma casa na Instituição, para que pudéssemos morar. O padre Teixeira também fez o casamento dos meus pais.

A minha mãe, Maria Geralda Portes Pinto, dedico este capítulo e esta história de sucesso. Todo o meu agradecimento a esse lindo ser de luz, que me fez ser os seus olhos diante das dificuldades, conquistas, amores, dores, lutas e vitórias. Minha grande inspiração.

A chave da venda de imóveis

A minha jornada como empreendedora começou aos dois anos e meio, quando comecei a ajudar o meu pai em uma banca de frutas e verduras, em frente à Basílica Nacional de Aparecida. Ali, aprendi as primeiras técnicas de venda, a contar trocos, a persuadir os clientes. Essas experiências duraram até o meu irmão mais novo, Eduardo Henrique Pinto, assumir as responsabilidades junto ao meu pai, que ganhava dinheiro vendendo os seus produtos na feira, mas gastava com os vícios de cigarros e bebidas. Essa realidade deu origem a uma indignação que me motivou a ir atrás de uma mudança pessoal de vida. Decidi que iria tomar as rédeas da minha vida e ser protagonista da minha história.

Naquele momento, olhei ao meu redor e percebi que havia uma oportunidade. Várias pessoas pegavam, em um depósito próximo, refrigerantes, água, sorvete, de modo condicional. Fui até o proprietário do depósito e fiz a ele um desafio de que, mesmo criança, iria vender os seus produtos. Ele, assustado, em primeiro momento, disse não. Logo depois, aceitou e disse sim. Isso durou até os meus 12 anos.

A minha vontade pelo sucesso se deparou com uma nova oportunidade, observei que proprietários de restaurantes e hotéis não tinham com quem deixar os seus filhos, então comecei a olhar essas crianças, enquanto seus pais trabalhavam.

Com 14 anos passei a ir à capital, onde comprava roupas para revender. Comecei a unir mulheres para trabalhar para mim, ia a São Paulo, comprava as roupas e deixava para minhas "primeiras revendedoras". Ao longo da minha trajetória, trabalhei com *marketing* multinível, vendi sapatos, móveis, carros e motos.

Mas, o maior dos desafios ainda estava por vir, aos 19 anos, para sustentar a minha primeira filha, aceitei o desafio de vender plano mútuo de caixão. Imaginem quantos nãos ouvi? Vendi por aproximadamente quatro anos. O meu primeiro carro foi fruto desse trabalho.

Sempre tive a essência da liderança, mas não sabia usá-la. Comecei a traçar objetivos e compreendi que dependia só de mim transformá-los em realidade. Muitos eram os sonhos. Sonhava em ter uma profissão reconhecida, uma vida financeira estável, dar um futuro próspero para minhas filhas.

Mas, olhando para minhas condições, com duas filhas para criar, um divórcio, para muitos, esse sonho não seria possível. A minha grande inspiração, minha mãe, me fez entender que não eram as minhas condições que iriam ditar o meu destino, e sim as minhas decisões.

Então, nessa fase da minha vida, tomei algumas decisões: fazer mais economias, e ir atrás do meu curso universitário. E assim foi. Aos 30 anos, concluí o meu curso de direito e, diante do desafio de não passar no exame da Ordem dos Advogados (OAB), conheci o direito imobiliário.

Mudei para a cidade vizinha de Pindamonhangaba, onde fui convidada para trabalhar na maior imobiliária de alto padrão da região. O direito imobiliário e o mercado de imóveis se transformaram em uma verdadeira paixão.

Passei, então, a conquistar grandes clientes e a fazer extraordinários negócios. Comecei a ganhar mais dinheiro e a investir na minha carreira, fazendo novos cursos ligados ao direito imobiliário, ao comportamento pessoal e profissional.

Naquele momento, a minha vida profissional estava sendo alinhada, mas algo ainda parecia incompleto. Foi quando Deus me deu um grande presente, o meu atual marido, Fábio Guillon. Um homem cheio de planos, com um coração puro e com um grande desejo de vencermos juntos. Assim como a minha mãe, ele também acreditou em mim. Aceitou ser o meu parceiro de vida para, juntos, construirmos a nossa história.

A partir daí, passamos a traçar metas e, para que elas pudessem se realizar, decidimos tomar algumas decisões. Sim, a minha vida é marcada por escolhas que me transformaram, me deram o impulso que eu precisava para conquistar tudo o que sempre desejei.

Assumi a minha carreira como corretora autônoma, tive a oportunidade de gerenciar e implantar um novo projeto na cidade de Pindamonhangaba, até o momento que decidi abrir a minha própria empresa, a minha imobiliária.

Com a ajuda do meu marido e da minha mãe, juntamos as nossas economias e construímos o nosso primeiro escritório. Nasceu a Palacete Imobiliária, que hoje conta com mais de 30 colaboradores, duas unidades e tem representatividade em quase todas as cidades da Região Metropolitana no Vale do Paraíba – no interior do Estado de São Paulo.

Sempre entendi que mente, corpo e espírito precisam estar alinhados. E, diante dos desafios de administrar os meus negócios, passei a sentir a necessidade de ir atrás de novos conhecimentos que pudessem empoderar e fortalecer os meus colaboradores. Uma nova fase se iniciou.

Em um dos meus momentos de fragilidade, conheci o livro *Negócios digitais*. Das experiências que tive com a obra, surgiu a empatia com uma das histórias citadas, escrita pelo fundador da

Universidade do Inglês Jober Chaves. Mais tarde, outro livro de Chaves, *O poder da coragem*, me deu subsídios para continuar acreditando que poderia realizar tudo o que sempre desejei. Que poderia colocar em prática a missão de formar e qualificar corretores para o mercado imobiliário.

Sempre que temos um desejo, devemos agir para que ele se concretize. Li a história escrita por Jober e decidi que gostaria de encontrá-lo. Provoquei uma oportunidade e consegui. Hoje, ele é o meu mentor e amigo, que tem me direcionado para um novo desafio, que é me tornar a primeira mulher, do universo *online*, referência no mercado imobiliário.

Ao longo dessa trajetória, aprendi que somos a média das cinco pessoas que nos cercam. Quando era criança, decidi que queria conquistar o mundo, mas, para isso, precisava agir. Foi o que fiz, lutei com as armas que tinha e venci.

Não tenha medo de alcançar riquezas e prosperidade na sua vida, e se deseja construir um futuro extraordinário, busque, primeiramente, o autoconhecimento. Tenha uma conversa com você e coloque metas a curto, médio e longo prazo.

Hoje, me envolvo com pessoas melhores do que eu, faço vários cursos ao longo do ano. Sinto-me grata por cada adversidade que apareceu na minha vida, pois elas me ensinaram a tolerância, a simpatia, o autocontrole, a perseverança e outras qualidades que, sem elas, eu jamais conheceria. Somente quanto temos coragem para explorar a nossa escuridão, descobrimos o poder infinito da nossa próxima luz. Viva e não tenha a vergonha de ser feliz.

Os desafios do mercado imobiliário

Muitos profissionais entram no mercado acreditando que poucas são as dificuldades e que essa é uma área para ganhar dinheiro fácil. Mas, na prática, a realidade é outra. O profissional que almeja ter sucesso e reconhecimento precisa se qualificar, se atualizar constantemente, e ter o espírito de atitude: apresentar a solução ao cliente.

Diante das dificuldades, muitos corretores não vestem a camisa do negócio e acabam desistindo no meio do caminho. Inclusive, por não conhecerem estratégias – fechamento de vendas, atendimento ao cliente, financiamento bancário, permutas, entre outras variáveis que envolvem o mercado e a concretização dos negócios.

Para uma negociação bem-sucedida, todas as partes precisam sair satisfeitas. Isso acontece quando corretores entendem os seus clientes e se transformam em suporte para eles, oferecendo confiança, apoio, credibilidade etc. Essa relação se dá com profissionalismo.

Por parte dos corretores, uma visão ampla do mundo atual e o comprometimento com as responsabilidades farão com que os resultados desejados possam ser alcançados. Muitos clientes, que vivem anos pagando aluguel, não acreditam que podem realizar o sonho de comprar a sua primeira casa.

Quando chegam em uma imobiliária e são recepcionados por um corretor, o cliente não acredita no potencial que tem. Mesmo com o desejo da compra, há dentro dele limitações que, na primeira dificuldade, o fará desistir. Nesse momento, o corretor que se preparou e se qualificou irá ter a atitude de fortalecer o potencial do cliente, de modo a estimular suas qualidades e assim criar condições positivas para que o negócio se realize.

Que tipo de corretor é você? Diante dessa situação, se junta ao cliente e desiste do negócio, ou assume o controle e impõe condições coerentes para que a venda se realize? Que perfil você tem? Compreende as dificuldades do cliente? Sabe ouvir os desejos e as necessidades que ele tem? Você vende aquilo que compraria para você?

Acreditar nos nossos potenciais, na força que temos para superar limites, acreditar em nossas habilidades para conseguir fazer com que os problemas pessoais não interfiram de forma razoável na atividade profissional são questões fundamentais para uma carreira de sucesso.

Se você, corretor de imóveis, não acredita que é o melhor do mundo, talvez o seu cliente tenha dificuldades de confiar em você, para realização de um sonho ou até mesmo de um grande investimento.

As exigências são ainda maiores quando falamos de imóveis de alto padrão. Os corretores precisam estar ainda mais preparados para atender esse público mais exigente. Há tempos diferentes que precisam ser respeitados. As estratégias de negociação também devem estar alinhadas a esse público que, provavelmente, já fez outras compras. Ao fazer uma visita, não são difíceis dúvidas que vão do alicerce ao acabamento.

Se você, corretor, ao apresentar um imóvel de alto padrão a esse público, não souber responder a essas questões, provavelmente, irá perder a chance de fazer um grande negócio. Aquela confiança que falamos acima pode ser quebrada devido uma falta de conhecimento e preparo. O corretor tem por obrigação conhecer o imóvel em detalhes, a história, os anos de construção, as reformas realizadas, o material usado no acabamento.

É importante destacar a importância de uma captação de qualidade que traga não só informações básicas, mas os detalhes do imóvel, como foi mencionado anteriormente. Você pode conquistar a felicidade em todas as áreas da sua vida, mesmo diante dos desafios e das dificuldades. A vida é vivida ao lado de pessoas que nos apoiam, nos encorajam e, muitas vezes, nos entristecem. Essas que nos entristecem são como professores, que nos ensinam o que não fazer na vida.

Aqui faço uma homenagem a todos que foram e são importantes nessa história de conquistas. Gostaria de agradecer o apoio de todos que estiveram ao meu lado, principalmente a minha mãe, o meu esposo, as minhas filhas, os meus clientes, funcionários, colaboradores, parceiros e, em especial, a minha amiga irmã do coração, Carla Cristina Oliveira Rezende, que em todas as dificuldades e lágrimas esteve ao meu lado.

Capítulo 6

O vendedor de havaianas que se tornou corretor de imóveis

Denys Gomes de Brito

Neste capítulo, os corretores de imóveis irão entender os princípios básicos que precisam ter. O quão importante é definir um propósito de vida, ajudar as pessoas a tomarem as melhores decisões na conquista do tão sonhado lar, levando como base de tudo a excelência no atendimento e sempre entregando o melhor de si.

Denys Gomes de Brito

Sócio-fundador da DF Casa Imóveis; corretor de imóveis; *personal & professional coach* pela Sociedade Brasileira de Coaching.

Contatos
denys@dfcasaimoveis.com.br
Facebook: Denys Brito
Instagram: denysbritto

Denys Gomes de Brito

> "Dar menos que o seu melhor é sacrificar
> o dom que você recebeu."
> (Steve Prefontaine)

O vendedor de havaianas, o *slogan* que levarei, carinhosamente, com muito orgulho. Para muitos, pode ser um simples "chinelo havaianas", "o par de alpargatas", ou até mesmo "um pedaço de borracha". Mas, para mim, tem um grande significado. Foi por meio de um desse que nasceu a minha a paixão em trabalhar com pessoas.

Hoje, o meu propósito de vida é ajudar pessoas a encontrar o lugar onde passarão os momentos mais felizes de suas vidas, a casa própria. Vou cumprir essa missão como corretor de imóveis, ou melhor, "corretor de pessoas", o imóvel é apenas um detalhe.

Meu nome é Denys Brito, e vou contar um pouco da minha história. Tudo começou há 23 anos, para ser mais exato, no ano de 1995, quando tinha apenas 12 anos de idade. A convite do meu querido avô, Sr. Manoel Messias, o nordestino a quem tenho eterno carinho e admiração.

Hoje ele não está mais entre nós, neste mundo físico, mas sempre estará em memória e marcado na minha história. O que eu precisava ele me concebeu, apenas uma oportunidade e grandes ensinamentos. Por meio dele consegui ser um profissional extraordinário nas empresas em que tive o prazer de trabalhar.

Sempre fui destaque em todas elas, por ter excelentes resultados em vendas. Foi, sem dúvidas, um dos meus mentores de vida. Os aprendizados, por mais simples que fossem, me fizeram desenvolver crenças, umas delas, tenho até hoje: "dar o melhor de mim, sempre".

Entregue o seu melhor

Éramos camelôs, sim! Vendíamos muitos chinelos havaianas em uma passarela, para pedestres da estação de trem. Nós tínhamos uma cadeira ao lado da banca para acomodar os clientes quando iriam provar os chinelos. Foi aí que aprendi o primeiro e mais importante dos ensinamentos do meu avô:

"Denys, trate todas as pessoas entregando o seu melhor, sempre com o sorriso no rosto, tendo empatia, sem julgamentos, e o mais importante: sirva o cliente. Quando ele chegar até a banca, tente acomodá-lo imediatamente na cadeira, tire os chinelos da embalagem, ajoelhe-se até o chão, coloque-os nos pés de cada um."

Parece simples, não é mesmo? Mas, é na simplicidade e nos detalhes que fazemos a diferença na vida das pessoas. Note, quando você vai até uma loja de calçados, dificilmente o vendedor se oferece a colocar os calçados nos seus pés. Empatia? Sorriso no rosto? Julgamentos? Sabemos bem que, atualmente, ainda temos problemas quando falamos em dar o melhor para o cliente, não é mesmo? O que falta, muitas vezes, é fazer o simples.

Tudo o que for fazer em sua vida, seja na profissão, relacionamento, família, ou para o próximo, faça entregando o melhor de si. Sirva as pessoas com o dom que recebeu, sem esperar nada em troca. O melhor deste mundo só acontecerá quando der a ele a sua melhor versão.

Persista e nunca desista

Como em toda empresa ou profissão, nada é um "mar de rosas". Quantas vezes fugimos dos tão famosos "rapa", "banda que passava", "homens da perua branca"; nomes não faltavam para os fiscais da prefeitura. Eles passavam e levavam tudo dos camelôs. Era triste quando alguns colegas de trabalho, e até nós perdíamos todas as nossas mercadorias.

Toda empresa e profissão têm os seus desafios. Não importa se ganhamos ou perdemos, o que realmente importa é não desistir. A única opção que tínhamos era recomeçar tudo novamente.

Orgulhe-se da sua história, do seu passado, dê valor as suas origens, pois, por meio delas, erramos, mas temos a oportunidade de apreender com todos os nossos erros. O sucesso não existe sem o fracasso. Então, se você está passando por algum momento desses, não se preocupe. O caminho é estreito e cheio de dificuldades, não é fácil e ninguém jamais disse que seria, mas, tenho certeza de que, diante dos grandes desafios que a vida nos impõe, o triunfo da vitória sempre chegará àquele que não desistir.

Encante pessoas

Meu avô não entendia nada de *marketing*, à época. Aliás, acho que ele nem sabia o significado dessa palavra. Mas, mesmo sem saber, a nossa técnica para vender os chinelos havaianas era infalível. Ele criava bordões engraçados e criativos para chamar a atenção das pessoas que passavam em frente a nossa banca. Lembro-me do que mais fez sucesso e as pessoas gostavam:

"Quem compra chinelo havaiana não pisa na lama, e também não reclama. É bonito, barato e bom".

A alegria e o sorriso não cabiam em seu rosto. Com essa simples ação, conseguíamos arrancar sorrisos de algumas pessoas, fazendo com que elas observassem a nossa banca e até mesmo os chinelos. O que podemos refletir com a simples ação de *marketing* do meu avô?

O quanto você tem encantado o seu cliente? Você tem se preocupado em gerar conexão com as pessoas? Qual foi a última vez que arrancou um sorriso delas? Você proporciona experiências incríveis que marcam e fazem com que elas não o esqueçam?

As pessoas ainda dão muito valor para o simples, e talvez isso é o que esteja faltando. Pode até ser que você não consiga superar as expectativas de algum cliente, mas é sua obrigação tratá-lo da melhor forma possível, entregando um atendimento com excelência.

Se entrou para o time, tem que jogar

Com 16 anos, tive a primeira oportunidade de ter uma carteira profissional assinada. Comecei a trabalhar em uma loja de calçados, mas nunca tive um salário fixo. A regra sempre foi: vendeu, ganhou. Caso contrário, não tinha nada a receber. Na verdade, faz 23 anos que não sei o que é salário fixo, e pretendo não saber.

Nessa empresa, em pouco tempo, já me destacava como melhor vendedor da equipe. Em dois anos, era considerado o braço direito do dono da loja. Ele me levava às grandes feiras de calçados em São Paulo. Eu era responsável pelas compras das coleções da loja.

Trabalhe com a visão de dono, cuide da empresa como se ela fosse sua. Entrou para o time, então vista a camisa e jogue. Se você não cuida, não se importa com a empresa onde trabalha, nunca será bem-sucedido quando tiver a própria.

A cultura de uma empresa e o atendimento são a base de tudo

Umas das incríveis experiências de trabalho que eu poderia ter foi quando, aos meus 21 anos de idade, comecei a trabalhar em uma grande rede de *surf shop* do Brasil. Posso dizer que foi uma faculdade, em todos os aspectos relacionados a lidar com pessoas. Uma empresa em que a cultura girava em torno da excelência no atendimento.

A chave da venda de imóveis

A constância nos treinamentos era um ponto forte. Tudo para deixar a experiência do cliente cada vez melhor. A missão de todos era uma só: fazer amigos; não poderia ser um simples atendimento, tinha que criar amizades. Foram sete anos em que eu fui destaque, um dos melhores vendedores da rede. Cheguei a ser gerente de loja por alguns anos, ganhei viagens, nacionais e internacionais, por entregar bons resultados.

Sou corretor de imóveis

O ano de 2010 foi o mais importante da minha vida, pois descobri a profissão que tinha tudo a ver com os meus princípios, e que mudaria totalmente a minha vida. Ingressei como corretor de imóveis. Entrei para o mercado de terceiros em uma imobiliária em Itaquera-SP. Mesmo sem saber nada sobre o mercado imobiliário, em apenas 15 dias, consegui fazer duas negociações de imóveis.

Sempre fui um cara de grandes sonhos e muito dedicado em tudo que faço. Não foi fácil, mas a minha longa experiência com atendimento por onde passei fez a diferença para que os resultados na corretagem dessem certo precocemente.

No terceiro mês na imobiliária, ganhei uma premiação, um *notebook*, como o melhor corretor de imóveis de vendas daquele mês. Já na primeira festa de confraternização, tive a honra de ter o trabalho reconhecido pelo meu diretor, Sr. Fabio. Ganhei mais um prêmio por ser o destaque do ano.

Desde então, com o passar dos anos, tornei-me o melhor corretor da imobiliária. Fui bicampeão de vendas, ganhei várias premiações. A mais interessante delas foi uma moto Honda, zero-quilômetro, que conquistei com mérito.

Estou, atualmente, há nove anos na profissão e me tornei sócio-fundador da imobiliária DF Casa Imóveis, em novembro de 2013, junto ao meu sócio extraordinário, Felipi Adauto. Para nós, é um orgulho muito grande ver a nossa empresa sendo referência no mercado imobiliário da região de Itaquera-SP.

Eterno aprendiz

Sempre gostei de aprender como tudo funcionava. Lembro-me de que, na época em que comecei, separava 20 minutos do meu dia para assistir a vídeos no YouTube sobre o mercado imobiliário. Eu oferecia carona ao advogado para ir até a prefeitura e cartórios públicos, só para entender cada vez mais sobre os processos que envolviam a transação imobiliária.

Aprendi muito com as apresentações dos gerentes em momentos de fechamentos com os clientes. Prestava atenção em como os melhores corretores da equipe agiam. Buscava referências na *Internet*, era o único que visitava o imóvel antes de apresentá-lo aos clientes.

O meu foco é único: aumentar cada vez mais a minha credibilidade e confiança. A excelência no atendimento é a base de tudo, mas, se você quer, realmente, tornar-se uma autoridade e especialista perante os seus clientes, precisa estar constantemente aprendendo. Cursos, vivências, histórias de colegas da profissão e *feedbacks* de clientes, tudo é valido.

A experiência do cliente

O que é de fato a experiência do cliente? É um conjunto de percepções que as pessoas têm sobre a sua empresa ou prestação de serviço. Todos em uma imobiliária participam da experiência do cliente. Desde a fachada de loja, limpeza, recepcionista, gerente de vendas, corretor, assessoria de financiamento até o diretor da empresa.

Quando um cliente chega a indicar um corretor de imóveis ou até mesmo uma imobiliária, a sua motivação não foi o imóvel que negociou, mas, sim, a experiência que ele teve na empresa. Qual delas você tem proporcionado aos seus clientes?

A importância da visita técnica

Você se programa semanalmente para conhecer imóveis antes de marcar a visita com os seus clientes? Quer ter propriedade para transformar tijolos e concretos em benefícios para as pessoas? Comece a conhecer os imóveis da sua carteira de vendas, mas, quando for, tenha o olhar clínico do cliente, ou seja, estude as possíveis objeções, conheça tudo sobre o imóvel, região, os ambientes, a parte documental e todos os detalhes. Quanto mais preparado estiver, mais credibilidade terá.

Feedbacks

O seu maior mentor é o cliente. Sabe por quê? Ele é o único que pode dar *feedbacks* que, realmente, vão fazer você evoluir na profissão.

Não é o lucro, são as pessoas

Quando o seu mercado é vendas, o primeiro questionamento que você deve entender e levar consigo como aprendizado, ou melhor, como mandamento de vida, é:

"Existe algo mais importante do que o lucro de uma empresa. São as pessoas. Elas vêm em primeiro lugar. O lucro sempre será consequência das ações relacionadas."

Eu costumo dizer:

"Quanto mais ajudar as pessoas a terem sucesso em suas decisões, mais sucesso terá para si."

Acredito que, independentemente de qual for a sua profissão, todos temos como propósito ajudar ao próximo. A questão é: muitos ainda não se deram conta disso e trabalham pelo lucro. Não entendem o quanto a sua profissão pode ajudar.

Quando eu me refiro a "ajudar as pessoas", não estou só falando do produto ou serviço que você ou sua empresa podem oferecer. Podemos ajudar de várias maneiras, uma delas, por exemplo, é compartilhar conhecimentos, experiências de vida, o que deu certo para você, ou até mesmo o que aconteceu de errado; isso pode ajudar.

Independentemente de religião, não é isso que quero expor aqui, mas, sim, a visão empreendedora. Você pode até não acreditar neste homem, mas temos que respeitá-lo. Jesus Cristo foi o maior líder que já existiu. A sua missão aqui na Terra era, exclusivamente, ajudar as pessoas, independentemente de classe social, raça, cor e enfermidade.

Não havia sequer algum julgamento por parte dele. Simplesmente os ajudava. Esse homem marcou de forma inesquecível todas as pessoas, despertando nelas muitas emoções e sentimentos. Jesus foi quem mais ajudou pessoas no mundo. Acredite ou não, o seu legado nunca será esquecido.

Levando para as nossas empresas, o que estamos fazendo pelas pessoas? Será que estamos fazendo o que realmente somos capazes de fazer? Quando uma negociação de venda não dá certo, você fica triste pelo lucro que perdeu ou pelo cliente não ter realizado o seu sonho?

> "Sucesso não tem nada a ver com o dinheiro que você ganha. Tem a ver com a diferença que você faz na vida das pessoas."
> (Michele Obama)

Forte abraço e bons negócios, corretor.

Capítulo 7

Oito passos que me trouxeram crescimento e visibilidade

Felipi Adauto

Ações que todo corretor de imóveis pode aplicar para ter crescimento e mais visibilidade.

Felipi Adauto

Sócio-fundador da DF Casa Imóveis; criador do Conexão Imobiliária; formado em ciências contábeis pela FMU; *Executive & Positive Coach* certificado pela Sociedade Brasileira de Coaching; Corretor de imóveis e consultor.

Contatos
www.felipiadauto.com.br
contato@felipiadauto.com.br

Felipi Adauto

> "Não é o mais forte que sobrevive, nem o mais inteligente, mas o que melhor se adapta às mudanças."
>
> (Leon C. Megginson)

Entrei na profissão de corretor de imóveis em 2012, quando ainda as grandes imobiliárias tomavam conta do mercado, quando panfletar gerava muitos negócios e quando ainda os *stands* de vendas viviam lotados de corretores sem experiência e com pouco treinamento.

Fui convidado a trabalhar em uma imobiliária de lançamentos e lá me apresentaram a possibilidade de altíssimos ganhos e facilidade de vender, isso naquele momento me encantou demais, porém, quando comecei no campo de batalha, pude ver que nada daquilo que foi me apresentado era tão simples e fácil.

Trabalhei no início com foco em lançamento de apartamentos na Zona Leste de São Paulo, com maior tempo no bairro do Tatuapé. Fazia muito trabalho de ligação para lista fria e de panfletagem em frente aos comércios locais, parques e, principalmente, nos faróis.

Após trabalhar um lançamento em que não consegui vender, resolvi mudar de empresa e buscar novos desafios, agora mais próximo de casa, então fui trabalhar no bairro de Itaquera, com foco em imóveis de terceiros em uma grande imobiliária da região.

Lá tive a oportunidade de conhecer Denys Brito, hoje meu sócio e quem me fez o convite para criar a DF Casa Imóveis, em novembro de 2013. A nossa intenção era de apenas trabalhar nós dois, pois sabíamos de nosso potencial e dos resultados que podíamos ter, porém alguns corretores vieram nos procurar para trabalhar conosco. Então, tivemos a decisão de aumentar a equipe e abrir novas vagas para corretores e captadores de imóveis.

Nesses quase seis anos de imobiliária, alguns passos nos ajudaram a ter um excelente crescimento, e são eles que eu vou compartilhar com vocês neste capítulo:

1 – Posicionamento (nicho)

O posicionamento faz com que você se torne especialista em uma região ou nicho de mercado, desde que estude bem o local de posicionamento e o segmento que queira atuar.

Um exemplo para simplificar foi o que fizemos com a DF Casa Imóveis, posicionando-a no bairro de Itaquera, por meio de conteúdos digitais sobre a região, jornal, placas e construtoras do bairro.

Quanto ao nicho, trabalhamos focados no Minha Casa, Minha Vida, gerando conteúdo em nossas redes sociais com as principais dúvidas de quem procura esse tipo de imóvel em nossa região.

Três perguntas que uso muito e que podem ser úteis para montar e trabalhar o posicionamento são:

A. Quem é o público potencial da região ou nicho que você quer atuar?

B. Quais os problemas ou necessidades que você pode ajudar esse público a resolver?

C. Por que a sua imobiliária ou você é a melhor opção?

2 – Boa apresentação

Uma boa apresentação começa muito antes da visita, a foto do *WhatsApp* e de suas redes sociais já diz muito sobre você. O que poucos sabem é que, hoje em dia, o cliente já consegue muito mais informações do que se imagina sobre o corretor de imóveis e a imobiliária.

Portanto, ter uma boa apresentação desde a foto das redes sociais até a vestimenta é muito importante, inclusive pode ser fator primordial para gerar *rapport* e conexão com o cliente, como diz o grande Rodrigo Cardoso "antes que o *rapport* aconteça nada mais acontece", então se não conseguir gerar conexão com o seu cliente, dificilmente irá vender para ele, e a sua apresentação é peça fundamental nisso, portanto se preocupe muito com esse passo.

3 – Estudar o mercado

Levando em consideração que tudo está mudando muito rápido, inclusive o comportamento de compra das pessoas, é muito importante sempre estar atento e estudar o mercado em que atua. Novos riscos e oportunidades estão sempre por aí, então é preciso se adaptar.

Um exemplo disso foi em 2018, quando as vendas de terceiros caíram em nossa região e tivemos muitos lançamentos. Então, estudamos esse novo mercado, essa nova possibilidade e conseguimos manter os números de vendas, nos adaptando ao que o mercado e os clientes estavam buscando naquele momento.

Pensando nisso, é sempre muito importante fazer esse estudo e análise de mercado, continuamente a fim de ver nossas possibilidades.

4 – Plano de *marketing*

Um ponto importante para o corretor ou imobiliária se manter sempre competitivo é ter um bom e estruturado plano de *marketing*, seja ele para trabalhar a divulgação da marca ou vender um imóvel.

Para isso, não existe uma fórmula mágica, precisamos estudar e entender que, para cada imóvel, região e público diferente existe também uma estratégia diferente.

O ponto de partida sempre é o objetivo que você quer com cada ação de *marketing* e, em cima disso, trabalhar todas estratégias possíveis e medir quais delas estão trazendo mais resultados com base em seu objetivo, como, por exemplo, campanhas digitais, folhetos, jornais, placas etc.

5 – Foto, vídeo e tour 360º

Algo muito importante na apresentação dos imóveis, hoje em dia, são fotos e vídeos ilustrativos. Isso atrai e encanta as pessoas que estão à procura de um novo lar.

Do que adianta investir em divulgação se a qualidade das fotos não está boa? Por isso, coloque como prioridade um padrão profissional para levar uma melhor experiência a quem procura.

Outro ponto são os vídeos e o *tour* 360º, que possibilitam uma visita de quem está procurando, sem sair de casa, pensando no atual momento que as pessoas buscam mais agilidade nas negociações. Essas são ferramentas fantásticas para atrair clientes e qualificar o seu trabalho.

6 – Informações completas do imóvel

Um ponto importante é referente ao imóvel a ser trabalhado, mais do que necessário é ter todas informações do imóvel, da sua localização e de tudo que tem em torno dele.

Para equipes maiores ainda é mais do que importante fazer a visita técnica para que todos possam conhecer, estudar e conseguir passar todas informações aos interessados, assim como direcionar o imóvel aos clientes, com a necessidade e perfil com mais propriedade de informação.

Vale lembrar que ter as informações do imóvel e conhecê-lo não quer dizer que devemos falar sobre suas características aos interessados, mas, sim, focar em seus benefícios.

7 – Quais são as suas parcerias?

Algo que indiretamente pode facilitar ou travar a sua produtividade e os seus resultados são as suas parcerias.

Isso parte desde com quais corretores você trabalha, como o local onde trabalha, qual banco trabalha, quais construtores, até os prestadores de serviço que você contrata.

A qualidade desses parceiros vai dizer muito sobre os seus resultados. Uma dica para avaliar esse assunto é:

- Os seus parceiros otimizam e economizam o seu tempo?
- Eles reduzem os riscos e as incertezas sobre o seu negócio?
- Têm a mesma visão e atendimento que você?

8 – Acompanhamento

O último e mais importante passo é o acompanhamento e gestão de todo processo e etapas anteriores que citamos aqui, pois todo trabalho precisa de continuidade, para cada vez mais atrair e atender bem outros clientes. Não adianta começar e não terminar, pois todas essas ações dependem e devem ter gestão e acompanhamento.

Espero que tenha ajudado e que isso possa se transformar em conhecimento aplicado, pois só assim os resultados irão aparecer.

Sucesso e muita coragem!!!

Capítulo 8

Atitude mental: *mindset do corretor de imóveis de sucesso*

Filipe Rocha

Neste capítulo, eu entrego a você os conceitos que me fizeram passar de um ex-catador de latinhas, a atualmente dono da maior imobiliária em VGV nos 3 últimos anos seguidos, em Itapevi, Grande São Paulo. Espero que você, caro leitor, aprecie cada palavra deste capítulo e que ele possa ajudá-lo a transformar a sua vida assim como eu transformei a minha, construindo a mentalidade do corretor de sucesso.

Filipe Rocha

Corretor de imóveis com experiência de 10 anos no mercado imobiliário e diretor comercial fundador da Filipe Rocha Imóveis - imobiliária nº 1 em Itapevi, zona oeste da Grande-SP. Correspondente multibancos, especialista em crédito imobiliário e na comercialização de imóveis econômicos. Já treinou mais de 1.000 corretores no Estado de SP; é um *YouTuber* do mercado imobiliário quando o tema é crédito imobiliário e um dos curadores de conteúdo do CRECI-SP, e instituições de formação e apoio a novos corretores como Compartilha Corretores, Conexão Imobiliária, Tecimob e IBRESP.

Contatos
Instagram: @filiperochaimoveis
YouTube: corretorfiliperocha
Facebook: filiperochaimoveis
WhatsApp: (11) 97518-3995

Corretor de imóveis, qual o seu tipo de *mindset*?

Todo corretor de imóveis é um solucionador de problemas, que nada mais é do que um empreendedor. Acredito que uma das chaves mais importantes para se ter sucesso nesse ramo é a mentalidade correta. Existem basicamente dois tipos de modelos mentais, também chamados de *"mindset"* (configuração mental em inglês), o *mindset* fixo e o *mindset* progressivo.

O corretor com *mindset* fixo não se desafia e não se confronta, diz que sabe tudo, entra em uma estática zona de conforto. Já ouvi aquele que bate no peito falando: "eu sei vender, já faço isso desde..."; "eu sou corretor-raiz, não me adapto a essa nova geração". Ele acredita que tudo o que aprendeu com o tempo de mercado e experiências é o suficiente para ter se desenvolvido completamente.

É incapaz de buscar novas formas de fazer as coisas, e novos métodos de atingir resultados. Acredita no talento próprio e na *expertise* de mercado apenas, e que nada mais pode fazer para se desenvolver e se aprimorar. Em vez de aceitar um novo desafio como experiência de crescimento, o corretor com *mindset* fixo fica parado em um projeto, mesmo sendo um fiasco anos a fio.

Espera o mercado melhorar, autoflagela-se, fica paralisado reclamando, apenas colocando a culpa sempre nos outros. Não acredita que buscar novas habilidades e conhecimentos pode trazer benefícios.

Corretor com *mindset* progressivo

O profissional com *mindset* progressivo é aquele que se envolve profundamente com o novo, está sempre aprendendo com seus erros. Implementa o seguinte conceito: "eu nunca perco; ou ganho dinheiro, ou ganho o aprendizado", para não cometer o mesmo erro e assim se expandir cada vez mais. O cérebro processa o erro, aprende e corrige.

A sua curva de aprendizagem é intensa e nada superficial, está sempre em aprimoramento contínuo. O corretor com a mentalidade de crescimento busca desenvolver seus potenciais por meio do seu máximo empenho, estímulo, prática e aprendizado. Dedica-se plenamente a todas as atividades que se propõe a fazer.

A chave da venda de imóveis

Utiliza muito a palavra "ainda", pois quando estabelece um objetivo, um novo desafio, continua aprimorando-se a cada tentativa, até conseguir alcançá-lo. Cada não recebido o torna mais forte e mais próximo de um futuro sólido e de sucesso. O corretor com *mindset* progressivo propõe-se a viver em um espaço com potencial de crescimento cheio de ainda. Ele tem planos definidos e sabe que vai chegar lá. Pode ainda não saber como, mas vai chegar lá. Agora, vamos pensar como são formadas essas mentalidades?

A grande realidade é que, quando somos adultos, a nossa mentalidade já vem formatada por todas as nossas experiências de vida, assim como um HD que armazena arquivos na memória, em nosso cérebro e nosso subconsciente, parte interna da nossa consciência que armazena todas as nossas lembranças.

Desde quando nascemos, tudo o que vivemos, vemos, sentimos, ouvimos, fazemos acompanhados de nossos pais e familiares, repetimos, praticamos, assistimos na televisão, lemos nos jornais, ouvimos no rádio gera informações, que são arquivos que ficam armazenados em nosso subconsciente e, inconscientemente, cria dentro de nós crenças, inclusive ruins, como descrença em nós, incapacidade, medo, dúvida e pessimismo.

Isso porque, assim como um computador que executa programas, o nosso cérebro recebe as ideias, transforma em pensamentos e executa o comportamento e ações, gerando resultados oriundos desse processo. Descrito por T. Harv Eker, em *Os segredos da mente milionária*, como uma fórmula chamada processo de manifestação, que tem a seguinte sequência:

$$P > S > A > R$$

Pensamentos conduzem a sentimentos, sentimentos conduzem a ações, ações conduzem a resultados. O modelo mental de uma pessoa consiste na combinação dos seus pensamentos, dos seus sentimentos e das suas ações. Tudo o que ela se propõe a fazer, inclusive dinheiro, sucesso profissional e riqueza, e quando me refiro à riqueza aqui, refiro-me a ser abundante em todas as áreas de sua vida, financeira, saúde, intelectual, familiar, espiritual, relacionamentos, e social, tem a ver com a maneira como você pensa.

O importante é manter a vida em total equilíbrio. Fomos ensinados e condicionados a pensar de uma certa maneira que, muitas vezes, é prejudicial ao nosso crescimento, pelas três principais influências, que são:

1ª Programação verbal: tudo o que você ouvia ou via quando era criança.

2ª Exemplo: o que você viu e vivenciou quando criança.

3º Episódios específicos e de forte impacto emocional: quais experiências você teve quando criança.

Entendendo esse conceito de como foi condicionado o seu *mindset*, você consegue mudar a sua programação mental, e dar o passo mais importante para modificar os seus resultados.

Faça uma autoanálise e saiba onde você se encontra no quesito *mindset*, para, a partir daí, entrar na fase de conscientização, depois ter o entendimento e, por último, fazer uma dissociação, ou seja, abandonar esses arquivos prejudiciais da sua mentalidade, para mudar, definitivamente, seus sentimentos e ações, atingindo os resultados desejados e o tão almejado sucesso na profissão.

Agora, vou listar algumas maneiras de pensar que diferem os corretores de sucesso daqueles que são só mais um número de inscrição no CRECI. E você pode escolher maneiras de pensar mais favoráveis ao atingimento de seus objetivos, metas, seu sucesso, e deixar de lado maneiras negativas.

• **Autorresponsabilidade:** o conceito de autorresponsabilidade é bem simples. O corretor de sucesso sabe que ele é o único responsável por criar a sua própria vida e seus resultados. O corretor medíocre acredita no "deixa a vida me levar". E, dentro desse conceito, existem cinco leis que, segundo o *master coach* Paulo Vieira, em seu livro *Autorresponsabilidade*, governam os princípios, que são:

Lei 1: não critique as pessoas.
Lei 2: não reclame, não se queixe.
Lei 3: não busque culpados.
Lei 4: não se faça de vítima
Lei 5: não justifique seus erros.
Lei 6: não julgue as pessoas.

O corretor de sucesso entra para vencer ou morrer como um gladiador entra no campo de batalha para lutar até a morte, assim deve ser a mentalidade do corretor de sucesso. Não deve buscar conforto ou algum pequeno sucesso, mas, sim, alcançar o mais pleno potencial que a sua capacidade poderá atingir.

- **Comprometimento:** o corretor de sucesso assume o compromisso, com ele, de atingir suas metas, define seus passos diários, e se policia o tempo todo, pois sabe que não há tempo a perder. Qualquer momento é uma oportunidade que não pode ser desperdiçada para atingir a sua meta. Ele sabe o que quer, quando quer, e o que será necessário abdicar para fazer acontecer.
- **Sonhar grande:** o corretor de sucesso pensa grande, pois ele sabe que, no seu mercado, os ganhos são ilimitados, e ele estabelece metas realistas, mas projeta grandes objetivos, pois sabe que o valor que ele entrega é maior do que o valor que recebe. Isso faz com que ele atraia cada vez mais negócios para si, gerando abundante recorrência, e cada vez mais sucesso. Ele escolhe ajudar centenas, milhares de pessoas. É insaciável.
- **Foco nas oportunidades e não nos obstáculos do caminho:** o corretor de sucesso é otimista, sabe encarar de frente, positivamente, qualquer desafio, ou qualquer coisa que se propõe a fazer. Seja difícil ou fácil, é uma oportunidade e, se acontecerem fracassos no caminho, ele continua na sua luta até dar certo, com o seguinte pensamento: "vai dar certo, porque eu farei com que dê certo".

Ele não se entrega à sorte, mas sabe criar suas próprias chances, agindo efetiva e efusivamente, empregando o seu tempo, energia, pensamentos e ações, seguindo firmemente em direção ao seu propósito, pois ele sabe que a ação sempre vence a inação.

Prestigia outros corretores e profissionais bem-sucedidos. Engraçado como alguns corretores olham para outros de sucesso que estão sempre atendendo e assinando contratos com olhar de desdém e, muitas vezes, colocando a cargo da "sorte" a possibilidade de encontrar um ótimo cliente. Mas, como citado por Leandro Karnal, "sorte é o nome que o vagabundo dá ao esforço que não faz". Se você quer se tornar um corretor de sucesso, comece a admirar e prestigiar outros profissionais de sucesso, tente se aproximar deles, entender como pensam e agem, e o que pode aprender com eles.

Essas são algumas das características genéricas que encontramos em todos os corretores de sucesso que devem ser levadas em consideração: ser alguém positivo, confiável, focado, determinado, persistente, trabalhador, ativo, bondoso, comunicador competente, razoavelmente inteligente e especialista em um nicho de mercado.

- **Buscar a companhia de pessoas positivas e bem-sucedidas:** o corretor de sucesso entende que sucesso atrai sucesso, energia positiva é contagiosa e atrai mais coisas positivas. Ele se expõe o tempo todo ao que é positivo, além de entender o conceito de que nós somos a média das cinco pessoas com quem mais convivemos.

O corretor de sucesso está sempre em busca de estar perto dos melhores de sua respectiva área, seja para *feedback*, aprendizado, compartilhar ideias e encontrar soluções para o mercado em que atua. Ele se isola dos negativos e não deixa interferirem na sua capacidade de ação.

• **Autopromove-se como marca pessoal:** o corretor de sucesso entende que ele é sua própria marca e em tudo que faz se autopromove. O corretor de sucesso sabe que, desde a cor do sapato até o tom de voz são suas ferramentas de venda. Ele se autopromove e se vende o tempo todo como marca.

O corretor de sucesso sabe do seu valor e das suas virtudes e tem o maior prazer de espalhar as mesmas a todos que queiram ouvir e que precisam de suas soluções. Sabe aquela expressão: "vender o próprio peixe?". O corretor de sucesso é perito nisso, promove o seu valor com paixão e entusiasmo.

• **Crescimento contínuo perante os problemas:** o corretor de sucesso entende que não há problema que não possa ser resolvido, e que ele é maior que qualquer obstáculo, pois se alguém já conseguiu, ele também consegue.

Se já foi feito, é possível, e se não foi ainda, podemos tentar, ele tem a mentalidade de que os problemas dele vão aumentando conforme o seu próprio tamanho. O corretor de sucesso se torna cada vez mais "cascudo", e maior que qualquer adversidade que venha tentar derrubá-lo. Entende que a própria riqueza cresce à medida que ele cresce como pessoa e profissional.

• **Crença de merecimento:** o corretor de sucesso tem plena convicção de que ele merece tudo de melhor que este mundo possa oferecer. Entenda que para todo ato de dar há o ato de receber, e o corretor de sucesso agradece o tempo todo a seus parceiros e clientes que indicam cada vez mais clientes, ou seja, ele é um exímio e excelente "recebedor".

• **Nunca estabeleça um teto para o seu rendimento**: o corretor de sucesso sabe que ser remunerado pelos seus resultados o torna um dos poucos profissionais que podem ter ganhos ilimitados. O princípio da meritocracia no mercado é mais do que válido e ele sabe que, fazendo por merecer, o resultado vem, e vem, surpreendentemente, superior às diversas profissões tidas como estáveis de "sucesso", tradicionalmente.

• **Desfrutar do processo:** o corretor de sucesso trabalha duro, abre mão de muitas coisas, mas consegue conciliar momentos de lazer e diversão, pois sabe que o momento de desfrutar é durante o processo e não na aposentadoria. Programa-se e faz viagens para desfrutar do atingimento de suas metas.

• **Investidor:** o corretor de sucesso é investidor, começa com pouco e aumenta gradativamente seus investimentos. Concentra seu foco e energia no aumento de seu patrimônio, usando os quatro princípios básicos de riqueza, que são:

1. Rendimentos (ganhos recorrentes, vendas, locações, administração de imóveis, indicação de serviços e indicação de empresas terceiras).
2. Poupar com disciplina e constância.
3. Investir (renda fixa, ações, imóveis de aluguel, terrenos).
4. Simplificar o estilo de vida (viver abaixo do seu ganho mensal).

Administra bem o seu dinheiro, anotando todos os seus gastos, prevendo orçamentos, simplificando o seu estilo de vida, guardando sempre para emprestar para ele. O valor de fundo de reserva deve ser igual a 12 vezes suas despesas mínimas mensais.

Coloca o seu dinheiro para trabalhar de forma inteligente, empreende para vender, e separa, ao mínimo 10% do seu ganho em cada negócio fechado, para investir em *marketing* e na sua *autoperformance*, e gerar mais e mais negócios, gerando assim um ciclo perpétuo.

Age constante e massivamente. Ele controla seus medos e anseios, e está sempre em ação, pois ele sabe que a ação faz o campeão. Não se deixa paralisar pelo medo, enfrenta suas dúvidas e preocupações, sempre focando na solução de seus problemas. Se você só estiver disposto a realizar o que é fácil, a vida será difícil. Mas, se concordar em fazer o que é difícil, a vida será fácil.

É um eterno aluno e aprendiz, está sempre buscando novas referências e modos de pensar e agir, sempre se atualizando, buscando cursos, treinamentos, livros, seminários, e a companhia de pessoas mais experientes que ele em algo. Ele sabe que tudo pode ser aprendido. Entende que sucesso é uma coisa que você atrai se tornando uma pessoa de sucesso.

Em suma, comprometa-se com o seu crescimento e desenvolvimento, mantenha a sua vida em equilíbrio em todas as áreas, monitore tudo e revise seus atos e pensamentos. Não negligencie seus sonhos perdendo tempo com coisas fúteis e negativas. Torne-se um corretor de sucesso!

Capítulo 9

Gerar clientes com a *Internet* não é a solução, descubra o caminho certo para convertê-los em vendas

Franklin Delusio

Você acha que já viu tudo sobre gerar clientes por meio da *Internet*, mas, acredite, isso só é a ponta do *iceberg* para ter um real resultado com seus *leads*. Nunca é o que parece ser, nada é tão simples como dizem, porém, com o método correto, você poderá ter vendas recorrentes todos os meses, sem muita dor de cabeça e sem muito esforço, de forma natural.

Franklin Delusio

Empreendedor; corretor de imóveis; especialista em *marketing* digital; sócio-fundador da Feira Imob Imobiliária. *Expert* em gerar resultado de vendas por meio das redes sociais. SEO do método *marketing* para corretores, que tem foco em gerar resultados e aumentar a visibilidade na *Internet*.

Contatos
www.franklindelusio.com.br
franklindelusio@gmail.com
(75) 99210-8221

Método *marketing* para corretores: uma visão 360° do seu negócio

Antes de começar, quero fazer algumas perguntas para alinhar a nossa expectativa. Você está em sua posição atual porque quer ou por não ter outra opção? Acredita no mercado em que atua ou está apenas passando um tempo? Se não fizer, quem vai fazer? Se não acreditar, quem irá acreditar?

Reflita sobre isso. Alguns pontos são fundamentais para obter sucesso em tudo. Um deles é ser apaixonado por sua profissão, o que não quer dizer concordar ou, até mesmo, aceitar tudo. Significa ter desejo e força de vontade para transformar o que está errado, e melhorar o que está ruim.

Entender o potencial do que você faz é de extrema importância para permanecer, mesmo quando a maioria está pulando do barco. Dê valor a sua profissão e saiba a importância do seu papel. Infelizmente, algumas pessoas não entendem esse simples detalhe e, além disso, não acreditam em seu potencial. Tenha uma autoestima elevada, mas não seja orgulhoso, apenas acredite em si.

Você sabe por que o elefante fica preso numa corda amarrada em um banco? Porque ele não sabe do que é capaz, não conhece a força que tem. E você? Acredita em seu potencial?

A estratégia do método *marketing* para corretores

É possível vender até nove vezes mais, focando em 90% do mercado! Os números mencionados a seguir são aproximados aos da média do mercado. Costumo dividi-los em dois tipos de clientes: 10% – prontos para comprar, 90% – apenas pesquisadores. É visível que 90% representa uma quantidade mais significativa de clientes potenciais, mas, acredite, 99% dos corretores preferem focar nos 10% (clientes prontos para comprar).

Por exemplo, 10% das pessoas de uma cidade de 300 mil habitantes têm o real interesse de comprar um imóvel. 90% delas estão pesquisando, sonhando, especulando. A sua missão, no primeiro contato com o cliente, é identificar em que fase ele se encontra, para aplicar de forma correta a estratégia do método *marketing* para corretores. Aplicado de forma correta, ele irá tomar a decisão de comprar naturalmente.

Na tabela a seguir, separei características e perguntas de cada tipo de cliente, para que você consiga identificá-lo, até porque ele nunca vai deixar claro o momento de compra, é preciso estar atento.

No campo de perguntas, você observará que elas são feitas informalmente; isso faz parte da estratégia de aproximação com o seu cliente, sendo que o conceito do método *marketing* para corretores tem base na análise de resultados positivos e negativos.

É preciso aplicar as perguntas sugeridas e analisar o resultado delas no seu contexto de mercado. O resultado final será gerar clareza do que o seu cliente quer e entender em qual fase de compra ele se encontra.

Características dos 10% de clientes prontos para comprar	Características dos 90% de clientes pesquisadores	Perguntas para identificá-los
Já está decidido.	Totalmente indeciso.	Onde você quer morar? Quais os bairros de preferência? Conte-me a sua história, um pouco mais sobre a sua necessidade.
Ao fazer essa pergunta e perceber indecisão ou até mesmo um pouco de insegurança nas respostas, é provável que esse cliente esteja entre os 90%. Cuidado com as afirmações feitas sem o real potencial de mantê-las. Por exemplo, o cliente diz: "quero uma casa pronta para morar", porém não é porque ele afirma com convicção que tem potencial financeiro para sustentar esse desejo. Ao perceber isso, você poderá encaixá-lo nos 90%.		
Já fez várias simulações com outros corretores.	Nunca fez uma simulação, não sabe o valor de entrada, não entende como funciona o processo de compra, está perdido.	Você já viu algum outro imóvel que tenha gostado? Chegou a fazer alguma simulação?
Já sabe exatamente em qual bairro quer morar. Sabe por que quer morar nesse local.	Não sabe em qual bairro ele quer morar, geralmente opta por onde não pode.	Em qual bairro você gostaria de morar? Você conhece o preço médio das casas nesse local?

Conhece os valores dos imóveis e sabe exatamente onde pode comprar.	Quer morar numa mansão, mas quer pagar o preço de um sobrado.	Analise se a renda e entrada do seu cliente condizem com os valores de onde ele quer morar. Caso não, ele está nos 90%.
A venda acontece, no máximo, em 30 dias, ou menos.	A venda acontecerá em prazo médio de três a 12 meses.	Qual o motivo da sua compra?
Caso esse motivo esteja gerando desconforto no seu cliente, é provável que ele esteja nos 10%. É importante lembrar que o seu ponto de vista é diferente, então tente sentir se o motivo gera um real desconforto nele.		
Faz leilão, compra com quem tiver o menor preço.	Se o ajuda, ele só irá comprar com você.	Analise como o seu cliente o aborda. Se ele foca muito no preço, é provável que ele se enquadre nos 10%.
Porcentagem disponível no mercado: 10%.	Porcentagem disponível no mercado: 90%.	
99% das vezes, ele já está com um corretor.	99% não tem corretor.	

Agora, a pergunta é: qual desses tipos de cliente você quer atender? É necessário vender para os dois. O negócio é conseguir se posicionar nos 90%, pois a concorrência é bem menor. Quando esse cliente dos 90% passar para os 10%, ele já terá você como corretor de imóveis. Como conseguir dar conta disso, sabendo que o prazo de decisão de compra dos 90% gira em torno de três a 12 meses? A única forma de gerenciar esses futuros clientes é utilizando as ferramentas digitais. Vamos montar um funil para entender todas as etapas do processo.

Nível 1: capturar *leads*, ou seja, o contato interessado no que você tem a oferecer

Tenha uma meta de *leads* diária, depois disso, escolha qual a forma para gerá-la. A maneira que tem custo mais baixo para conseguir pessoas interessadas no que você vende é utilizar as redes sociais. Fique à vontade para analisar os seus resultados, o que importa não é o quanto vai gastar para conseguir um *lead*, mas, sim, quantas vendas serão efetivadas a partir dele. Não se preocupe com o custo dessa venda, apenas com o retorno que ela vai gerar.

Existem formas ilimitadas de gerar *leads*. Se existe dificuldade para conseguir pessoas interessadas no que você vende, tenha a certeza de que não está utilizando todas as ferramentas disponíveis, ou está usando de forma errada. Mostrarei algumas opções das diversas que existem, analise quais delas você utiliza.

Ferramentas para captação de clientes: Facebook; Instagram; LinkedIn; portais; *blogs*; Google; *e-mail*; WhatsApp; telefone; indicação; pós-venda; ações de rua; relacionamento interpessoal; amigos e parentes; captação de imóveis.

Nível 2: entender o tipo de cliente e classificá-lo entre 10% ou 90%

Aplicar a planilha de análise de clientes, mencionada, com a máxima atenção. É de extrema importância entender o momento de compra e, a partir disso, aplicar as ações corretas.

Nível 3: aplicar a estratégia de relacionamento

Não seja imediatista, entenda que o que foi plantado será colhido, mas, para isso, precisa ser regado para frutificar. Então, sempre pense na sua ação como uma plantação com retorno de curto, médio e longo prazo. Quais as ações que podem ser aplicadas no negócio que irá se relacionar com os seus *leads*, de forma que o enxerguem como corretor. Seja criativo, coloque a sua mente para funcionar e crie a sua estratégia de relacionamento.

Nível 4: alinhar as necessidades do cliente ao mercado atual

Para os dois tipos de cliente, é importante ter uma postura de assessor e ensinar o que não sabem. É preciso entender o que eles podem comprar, qual a melhor opção, com base nas suas necessidades. Mostre isso de forma clara. Como saber tudo isso? Simples, é só se colocar no lugar do seu cliente e analisar a sua situação atual com a sua condição financeira. O que será melhor para ele? Ou até mesmo dizer que não é o melhor momento de comprar. Seja honesto da mesma forma que gostaria que fossem com você.

Nível 5: fechamento, pós-venda e indicação

Entender o valor de um cliente que já comprou é fundamental, ele será um gerador de *leads* interessado. Isso acontecerá se fizer uma venda saudável. Aplicar o pós-vendas é uma estratégia de longo prazo que pode durar de um a cinco anos, mas irá retornar.

É entender a necessidade do seu cliente, suas dúvidas, problemas, mesmo após a sua compra. É preciso se preocupar com problemas futuros por existir má orientação do corretor. A experiência de compra precisa ser a melhor do início até o recebimento e pagamento de suas parcelas.

O mercado e o seu foco

Entender o seu negócio de forma clara é importante para se manter no mercado. Saber escolher o que vender, onde focar, o que fazer, onde está fará total diferença no seu resultado de médio e longo prazo. Nem sempre o que dá dinheiro de imediato dará um futuro promissor. Entender tudo isso faz toda a diferença em sua vida, pois, sem compreender isso, você será mais um corretor que, ao fim de muitos anos de trabalho, terá se arrependido de tudo o que fez.

Posso afirmar, sem medo de errar, que o mercado imobiliário nunca vai acabar. Entender isso trará segurança para escolher ou até mesmo investir na sua profissão. Quando afirmo que não vai acabar, significa que existirão momentos em que o mercado estará ruim, pois sempre haverá um nicho mais aquecido, porém se você conseguir entender todas as fases, poderá usar a estratégia do camaleão.

Estratégia do Camaleão

Essa estratégia consiste em entender o que as pessoas buscam a cada dia, mês e ano. Já observou que o comércio tem momentos de vendas conforme as datas comemorativas, como festas e feriados, por exemplo? De que forma é possível aproveitar esses momentos? A primeira coisa é entender quais são os estágios da sua região (cidade/estado), quais são os eventos que atraem uma grande quantidade de pessoas.

Faça um mapa deles, quais serão os investimentos do governo em sua cidade nos próximos anos? Quais vias de acesso serão abertas? Que escolas e hospitais serão construídos?

Observe o cenário político e como pode influenciar no seu negócio, esses são alguns indicadores para entender o mercado. Outro fator importante é o momento econômico, pois ele vai impactar diretamente nas buscas e necessidade do seu cliente. Vejamos alguns exemplos.

Se o crédito está restrito, as pessoas vão continuar comprando. Provavelmente, alugarão mais, porém irão procurar imóveis com forma de financiamento mais acessível, talvez feito direto pela construtora ou até em outros bancos com acesso ao crédito mais fácil. Fique atento a esses indicadores e se posicione no lugar certo e na hora certa. Esqueça a palavra sorte.

Por incrível que pareça, existem pessoas que não entendem isso, acabam chegando tarde demais e perdem grandes oportunidades de negócio. Então, a partir de hoje, entenda os sinais do mercado e se posicione, porque as vendas não param de acontecer. Tenha certeza de que, neste momento, existem cerca de 100 ou mais clientes assinando um contrato de venda ou de aluguel.

Faça uma pesquisa, quais as cinco referências dentro e fora do seu mercado? O que elas têm em comum? Depois dessa análise, o que está dentro da sua missão, visão e valores, que pode agregar ao seu negócio?

Analise as referências e esteja próximo delas, o sucesso deixa rastros, existe um ditado que diz: "a roda não precisa ser criada do zero, simplesmente precisa ser melhorada a cada dia".

Tenha uma visão apurada e atenta, tudo na sua vida pode ser um *insight* para o seu negócio. Tudo que está a sua volta são elementos que podem agregar valor ao seu sucesso.

Quer aprender mais sobre o método *marketing* para corretores? Acesse: www.franklindelusio.com.br/livro.

Capítulo 10

Como tornar-se um case de sucesso do ramo imobiliário

Guilherme Pilger

Imagine como seria chegar nos locais sem se apresentar, ser desejado, cobiçado e poder escolher os clientes que gostaria de atender. Conheça alguns métodos que podem auxiliá-lo nesse processo.

Guilherme Pilger

Corretor de imóveis premiado pelo CRECI–RS, no ano de 2018, como o criador de uma das três melhores estratégias de vendas, lançamentos e imóveis avulsos do Rio Grande do Sul. *Case* de sucesso e palestrante dos eventos Conecta Imobi – 2019 – SP, BrokerHunter – 2018 – SP e Impulsão imobiliária – RS – 2018. Há mais de dez anos trabalhando como corretor de imóveis, com foco maior em imóveis avulsos. Formado em administração de empresas pela ULBRA Canoas e técnico em edificações pela Unipacs.

Contatos
www.guilhermepilger.com
pilgercorretor@gmail.com
Facebook, LinkedIn e YouTube: Guilherme Pilger
Instagram: guilhermepilger
(51) 98065-6000

Guilherme Pilger

Em 2008, com 22 anos de idade, após não ter condições financeiras de concluir o curso de odontologia, deparei-me com aquilo que muitas pessoas enfrentam após a perda do emprego: não saber o que fazer. Sem ter um rumo definido, fui buscar nos jornais locais uma vaga de emprego. Naquela ocasião, o que mais observei nos anúncios eram oportunidades para corretores. Por não entender exatamente do que se tratava, resolvi fazer uma breve pesquisa no Orkut sobre essa profissão.

Após ler a respeito, de pronto acabei me identificando, pois poderia fazer os meus próprios horários, os rendimentos seriam conforme os meus esforços, trabalharia com atendimento ao público e as vendas dos imóveis seriam de alto valor agregado. Além disso, o que também me chamou bastante atenção foi o que os outros dois corretores haviam escrito na comunidade do Orkut: "em menos de dois meses de trabalho, fiz R$ 20 mil de comissão"; "no meu terceiro mês, consegui comprar um carro".

A partir de então, não tive mais dúvida, passaria a ser um corretor de imóveis. No entanto, hoje percebo que o início foi muito difícil, pois àquela época eu atuava na cidade de Novo Hamburgo – RS, a 20 quilômetros da cidade em que eu morava e ainda moro, Sapiranga – RS. Além disso, não conhecia ninguém naquela cidade, não sabia o nome das ruas, necessitava utilizar um veículo que nem sempre estava à minha disposição, pois também era utilizado em dias alternados pela minha irmã.

Após passar três meses visitando e conhecendo imóveis todos os dias, sem que tivesse realizado uma única venda, para minha sorte, foi lançado um empreendimento novo na cidade, no qual passei a fazer plantões e, finalmente, acabei realizando a minha primeira venda como corretor de imóveis. Nessa época, o principal meio de *marketing* das imobiliárias eram as placas e os anúncios em jornais.

Em razão da minha inexperiência, uma das únicas formas para captação de clientes era estar em um plantão de vendas e torcer para que a imobiliária fizesse um anúncio no jornal naquele dia em que eu estivesse lá. Permaneci três anos trabalhando na cidade de Novo Hamburgo, que tinha aproximadamente 200 mil habitantes.

A chave da venda de imóveis

Nesse período, trabalhei em três diferentes imobiliárias. Após já contar com certa experiência profissional, resolvi voltar para a minha cidade natal, que possuía aproximadamente 70 mil habitantes, e onde eu me sentia em casa. Já em Sapiranga, iniciei a trabalhar em uma imobiliária que contava com apenas dois corretores.

Logo no primeiro dia de trabalho perguntei a um deles qual era o principal meio de captação de clientes, e ele respondeu que era por meio de placas espalhadas pela cidade.

Também observei que a maneira como eles mostravam os imóveis para os clientes era por meio de fotos impressas com as características descritas no verso. Para minha surpresa, percebi ainda que todas as imobiliárias locais apresentavam os imóveis dessa forma.

Em razão de já ter trabalhado anteriormente em outras três imobiliárias na cidade de Novo Hamburgo, que utilizavam *site* na *Internet*, resolvi sugerir ao proprietário que também implantasse esse método, para que as apresentações dos imóveis pudessem ser mais adequadas e atrativas, o que foi aceito e passamos a ser a primeira imobiliária na cidade a ter um *site*, tornando-se referência para as demais.

Trabalhei nela como corretor de imóveis por seis anos, e as formas de captação de clientes continuavam sendo as placas, o *site* e os anúncios em jornais. Em determinado momento, passei a perceber que o mercado imobiliário havia mudado e a consistência de clientes já não era mais a mesma. Foi então que, a partir do ano de 2016, passei a promover a minha imagem pessoal, para que o cliente viesse em busca da minha pessoa.

Inicialmente, esse processo de mudança começou com a implantação do meu nome, *e-mail* e de uma foto dentro do *site* do imóvel que eu havia agenciado. Esse detalhe é superimportante para iniciar uma conexão com os clientes, pois quanto mais imóveis o cliente olha, mais ele percebe que você conhece o mercado. Após algum tempo, percebi que precisava ir além, foi então que apareceu em minha *timeline* um curso de como captar clientes por meio do *marketing* digital para corretores de imóveis. Sem pensar duas vezes, me inscrevi para o curso *online* chamado BrokerHunter.

O treinamento tinha muita informação valiosa, por exemplo: ensinava como divulgar vídeos de imóveis nas redes sociais, levando os clientes para uma página de captura e, após o cadastro do possível cliente, como enviar *e-mails* automáticos, entre outras dicas superimportantes.

Um dos meus primeiros passos foi em 2016, quando comecei a fazer os vídeos de imóveis. Naquela ocasião, eu tinha pouco embasamento, pois quase ninguém fazia. Comecei a estudar o padrão dos corretores americanos que já trabalhavam com isso. O *ticket* do imóvel que escolhi para fazer meus primeiros vídeos eram baixos, em torno de R$ 250.000,00. Para gravá-los, utilizava apenas um celular e um tripé. Após um tempo, adquiri um *drone* e um estabilizador de imagens que elevaram o padrão das minhas gravações.

Posteriormente, entendi que, por meio dos vídeos, além de vender e captar clientes, eu estava fazendo *marketing* pessoal de forma indireta, pois quando um cliente olha para um vídeo de imóvel sem a imagem de um corretor junto, ele escolhe qualquer um de sua confiança para comprá-lo. Por outro lado, quando você aparece, indiretamente está passando autoridade sobre o assunto, melhorando as possibilidades de que ele compre de você.

Entendido isso, comecei a fazer um vídeo atrás do outro e patrociná-lo nas redes sociais, não mais com a prioridade de atrair clientes, mas, sim, como forma de virar autoridade no assunto e ser referência em minha região. Com o tempo, passei a ser reconhecido nos lugares onde ia por pessoas que eu não conhecia, mas que me reconheciam por terem me visto nas redes sociais. "Você não é o garoto dos vídeos?" Era a pergunta mais frequente.

Um detalhe importante que percebi, após ter um conhecimento maior em edição, é que as pessoas gostam de olhar e compartilhar aquilo que é mais bonito aos olhos. Normalmente, são os imóveis de alto valor. Por conseguinte, voltei meu trabalho somente para esse nicho e, vinculando minha imagem a imóveis bonitos, fui procurado para trabalhar com propriedades que eu nunca havia imaginado.

Você que não trabalha com essa ferramenta não sabe o poder de um vídeo bem feito, pois, diferentemente das fotos, além da visão, mexe com alguns sentidos como audição e emoção, criando mais conectividade entre você e as pessoas que o assistem. Ao longo do tempo, com um trabalho intensivo e com um bom investimento em *marketing* em mídias sociais, as pessoas passam a querer seguir o seu trabalho, mesmo sem estar querendo comprar ou vender.

Passam a compartilhar seus vídeos e o seu alcance de clientes aumenta significativamente. Quando olhamos uma série, por exemplo, existem alguns atores com os quais temos mais empatia e, por consequência, passamos a segui-los para saber sobre seu estilo de vida etc. Se você aparecer, por exemplo, isso passará a acontecer da mesma forma, para continuar criando mais autoridade frente aos futuros clientes.

Cada foto ou frase que você postar, bem como o próprio *layout* das suas redes sociais, devem ser pensadas no seu público-alvo. Além disso, é muito importante como se comporta nas redes sociais, pois, após os clientes verem seus vídeos, eles irão querer saber um pouco mais a seu respeito. Acredito ser importante ter uma conta profissional e pessoal única para ter mais interatividade com os seus clientes, pois entre uma conversa e outra pode estar oferecendo um imóvel de forma inconsciente.

O meu *site* (www.guilhermepilger.com) foi projetado pensando em gerar muita autoridade e interatividade. Nele, você encontra fotos do meu dia a dia no Instagram, YouTube e Facebook. Ainda, ao pedir de forma indireta para o cliente se cadastrar, ao acessá-lo, além de ele me conhecer melhor, os seus dados ficam armazenados no meu cadastro, possibilitando futuros contatos.

Essa foi uma forma diferenciada de me tornar autoridade, mas, para não ser somente o garoto dos vídeos, procurei entender melhor o mercado americano. Após fazer algumas viagens para os EUA, percebi que os corretores de lá vendem muito bem o seu *marketing* pessoal por meio de *outdoors* em lugares de grande fluxo. E, quando me refiro a *marketing* pessoal, quero dizer que eles colocam uma foto do corretor juntamente com o nome deles em destaque e o da imobiliária para qual trabalham um pouco menor, no canto.

Foi justamente isso que decidi implantar no meu negócio, ou seja, ao invés de procurar por *outdoors* que têm espaço para locar, que possuem um elevado custo, resolvi pesquisar por áreas que estivessem à venda nesses lugares de grande fluxo. Em vez de colocar placas pequenas com o logo, coloquei *outdoors* no local com uma foto bem grande, meu nome, telefone e *site*.

Em razão dos custos para locação de um espaço nessas vias e sabendo que não teria gastos com a locação, a cada imóvel novo que entrava eu colocava um *outdoor*. Esse movimento contribuiu muito na criação de autoridade, pois, ao olhar para um *outdoor*, a primeira impressão é que aquela pessoa tem poder, ou seja, que passa confiança e entende do assunto.

Conforme relatei anteriormente, antes eu era reconhecido em alguns lugares como o garoto dos vídeos, mas, em razão dessa nova estratégia operacional, passei a ser reconhecido como o garoto das placas, pois em todos os imóveis que agencio, quando permitido pelo proprietário, coloco placas menores, semelhantes a dos *outdoors*, fazendo com que eu esteja presente na memória das pessoas.

Assim, minha imagem está constantemente presente nas mídias sociais, vídeos, placas, jornais e revistas conceituadas. Isso é extremamente importante, pois certamente fará com que um possível comprador ou vendedor de imóveis tenha interesse em entrar em contato comigo, seja via *site*, telefone, *e-mail*, a fim de obter mais informações sobre a melhor forma de fazer um bom negócio.

Em 2018, o CRECI/RS promoveu um concurso que, basicamente, era a realização de um cadastro pelos corretores, com a indicação dos seus melhores *cases* estratégicos de vendas de imóveis. Após, uma banca julgadora analisaria quais eram os melhores e, ao final, faria a premiação.

Nessa oportunidade, em um jantar promovido pelo CRECI, para a minha felicidade, fui premiado como o terceiro melhor *case* estratégico nas vendas de imóveis avulsos, e premiado também como o segundo melhor *case* estratégico nas vendas de lançamentos do RS. Para alguns corretores, esse seria apenas um concurso, mas, hoje, com as mídias sociais, você sabendo explorar bem esse tipo de prêmio, sem dúvida alguma, isso contribui significativamente para a sua imagem.

Foi exatamente isso que acabei fazendo, ou seja, passei a utilizar a seguinte frase: "entre as três melhores estratégias de vendas de imóveis do RS", juntamente com uma foto minha e meu nome, ampliando essa divulgação em jornais locais, inclusive, recentemente, saindo na capa de uma revista tradicional conceituada.

Quando os clientes indicam o meu nome para pessoas conhecidas que estão buscando por algum corretor, muitos dizem que sou um dos três melhores corretores do Estado, pois eles assimilam o que eu divulgo e isso chega muito forte para quem está querendo comprar ou vender imóveis.

Permaneci durante oito anos trabalhando para imobiliárias, pois achava que seria difícil captar clientes sozinho, mas quando comecei a fazer vídeos e investi nas redes sociais, percebi que aumentou consideravelmente o número de pessoas que vinham procurar pelo meu nome. Passei a perceber, com isso, que eu não dependeria mais dos clientes que a imobiliária me passava, pois havia aprendido uma forma de captar clientes sozinho, e foi então que decidi que aquele era o momento ideal para empreender no meu próprio negócio.

A chave da venda de imóveis

Confesso que os meus primeiros meses como corretor autônomo não foram nada fáceis. Mesmo já tendo experiência e reconhecimento de clientes na bagagem, as vendas não aconteciam. Não desisti, pois sabia que estava plantando e, em algum momento, a colheita viria. Após alguns meses de exaustivo trabalho, finalmente comecei a colher os frutos e, desde então, aplicando a metodologia de trabalho anteriormente referida, passei a ser considerado um *case* de sucesso, o que fez com que hoje eu tenha a satisfação de estar contando um pouco da minha história neste livro, além de já ter tido a oportunidade de ministrar algumas palestras pelo Brasil. Por fim, trabalhe seu *marketing* pessoal até que não seja mais necessário se apresentar.

Capítulo 11

Como acelerar a venda de imóveis usados?

José Florêncio

Se você pensa que captar imóveis é conseguir contatos de proprietários, saber o preço que estão pedindo, tirar fotos e divulgá-los, sinto informar que, se aprendeu assim, aprendeu errado. Apresento, neste capítulo, a metodologia orgânica de captação de imóveis que o tornará um profissional diferenciado, que vende muito mais, com um trabalho bem feito junto aos proprietários.

José Florêncio

Corretor de imóveis há 20 anos; advogado; pós-graduado em direito imobiliário; especialista em assessoria extrajudicial; documentação imobiliária e venda de imóveis usados. Sócio-fundador da Corretores Orgânicos Imobiliária, criador da filosofia orgânica de prestação de serviço e trabalho; treinador sênior da Imobiliária Escola. Ajuda imobiliárias e corretores a multiplicarem suas vendas, reduzirem seus custos, em um curto espaço de tempo. Além do conteúdo técnico profissional, agrega aos seus ensinamentos o conhecimento humano necessário para uma comunicação eficiente com clientes, considerando padrões comportamentais e emocionais de proprietários e compradores.

Contatos
www.imobiliariaescola.com.br
EAD: www.imobiliariaescola.com.br/profissao-corretor
imobiliariaescola@gmail.com
Facebook: Imobiliária Escola
WhatsApp: (21) 97940-7707

José Florêncio

"Opção, o segredo da corretagem"

Essa foi a primeira frase que ouvi no meu primeiro dia na corretagem, de Wagner Wasques, diretor da Cialar Imóveis, imobiliária em que iniciei profissionalmente e que norteou a minha carreira, a quem aqui manifesto meu agradecimento e presto minhas homenagens. Aprendi a me ocupar muito mais com o trabalho que prestava aos proprietários do que com os compradores.

Para muitos, captar imóveis é um peso, até porque, em quase todas as imobiliárias, a regra para um corretor entrar na escala de vendas é fazer captações semanais, ou seja, ele aprende a opcionar por obrigação, e só capta imóveis para entrar na escala e atender clientes compradores, e não para vendê-los. Desconhecem que a opção bem trabalhada é também a base das transações bem-sucedidas.

A cultura propagada na corretagem, infelizmente, banalizou a figura do captador de imóvel e lhe deu um lugar de "desonra" nas intermediações imobiliárias. Comemora-se muito mais o feito do corretor que vende um imóvel do que o trabalho todo que o captador teve para fazer dele uma excelente oferta.

Não pense que a venda de um imóvel usado começa na captura e nos primeiros contatos do cliente comprador e confirmação de uma visita. Não! O processo de venda começa na captação do imóvel e na primeira conversa com o proprietário.

Por não entenderem a verdadeira função do captador de imóveis, viemos, ao longo do tempo, formando "vendedores", "mostradores de imóveis", "acompanhantes de visitas" e não profissionais úteis na intermediação da compra, venda e locação de imóveis.

É exatamente por meio da captação de imóveis, que o corretor se especializa de verdade, que ele se desenvolve em precificação e avaliação, e se aprofunda na área documental.

Um profissional completo no ramo imobiliário precisa:

- ✓ Domínio documental.
- ✓ Saber precificar o imóvel em valor vendável.

A chave da venda de imóveis

- ✓ Criar estratégias diferenciadas de divulgação.
- ✓ *Expertise* em negociação.
- ✓ Conhecimento em contratos.
- ✓ Argumentação inteligente para gerar credibilidade.

Quer vender mais? Então, preocupe-se menos com o cliente comprador, e cuide mais do proprietário, você verá que as suas negociações fluirão muito mais.

Conheça os seis pilares da metodologia orgânica, para se tornar um captador de imóveis eficiente e se diferenciar como corretor de imóveis.

1. Trabalhar especializado em uma microrregião

Trabalhar de forma especializada em uma região é muito mais eficaz, tanto para o corretor quanto para o proprietário que objetiva a conclusão da negociação no menor tempo possível.

Quanto mais restrita for a sua área de atuação, no que tange à região, nicho de mercado e especificação de imóvel, mais eficiente você será.

Eu, por exemplo, trabalho o mercado da zona sul do Rio de Janeiro, com especialização em Copacabana, imóveis de terceiros/usados, residenciais.

Essa especialização me permite ser muito mais assertivo nas avaliações, não perdendo muito tempo para precificar imóveis em faixa de valor vendável. Além de ter sempre clientes compradores para novos imóveis captados na região.

2. Conquistar indicações de proprietários

Um dos erros mais graves das imobiliárias é tentar melhorar resultados por meio da quantidade de imóveis ofertados, e não em dar qualidade e aumentar as captações exclusivas. Nessa hora, muitos falam "os proprietários não dão exclusividades". Engano, pois, na verdade, os corretores não conseguem passar credibilidade suficiente, para obtê-la.

O segredo da exclusividade está na fonte da captação. Como você soube que determinado imóvel estava à venda? As indicações são, geralmente, a fonte de captações exclusivas, portanto, passe a conquistá-las.

A forma mais eficaz para consegui-las é por meio da qualidade do seu trabalho, gerando confiança no outro, a ponto de ser recomendado.

3. Identificar a necessidade e motivação de venda do proprietário

Mais importante do que saber tudo sobre o imóvel é saber se a necessidade e motivação de venda do proprietário é real e iminente. E quando digo necessidade, não digo apenas proprietários estarem "endividados". O proprietário pode ter urgência, porque está comprando um outro imóvel muito melhor, em que complementará o pagamento. Dificilmente um proprietário aceitará uma proposta em valor justo e real se essa necessidade e motivação não forem imediatas.

4. Dominar a prática documental

Temos que ser úteis aos proprietários, não somente para que eles nos escolham como corretores exclusivos, mas para que tenham apreciação pelo nosso trabalho e, assim, possamos reter a captação exclusiva até a venda.

A pré-análise documental funciona como um atalho, onde podemos identificar algum problema documental e darmos solução a ele, nos tornando uma referência para o proprietário.

5. Precificar o imóvel em valor vendável

A negociação começa na captação e muitos corretores não aprenderam a se posicionar desde o início com os proprietários. A maioria dos corretores não avalia os imóveis, ao invés disso, pergunta aos proprietários quanto eles estão querendo pelo imóvel. É como irmos ao médico e ele pedir que prescrevamos o nosso receituário.

Muitos, mesmo vendo que o valor pretendido pelo proprietário é irreal e muito acima do valor justo, não se manifestam, e aceitam fazer o trabalho a partir de um valor fora da realidade e "invendável".

E isso, lá na frente, atrapalhará o seu fechamento. Provavelmente, o cliente interessado no imóvel fará uma proposta justa, mas o proprietário não aceitará, porque você não o preparou para aceitá-la.

6. Dar atenção ao proprietário durante todo o processo de venda do imóvel

É necessário dar atenção ao proprietário durante todo o processo de venda do imóvel. Falar com ele ao menos uma vez por semana é altamente necessário. Dê *feedback* das visitas, se não tiver visitas, converse com ele sobre a necessidade de readequação de preços, para atrair o interesse de outros compradores.

Todo esse profissionalismo demonstrado desde o início fará com que ele se sinta bem atendido por você, não vendo necessidade de contatar outra imobiliária. Essa atenção gera nele o sentimento de confiança e consideração ao seu trabalho, fazendo com que, caso alguém o procure para fazer negócio direto, ele mesmo oriente o cliente a procurá-lo.

O método orgânico de trabalho na prática

Fechamos uma venda em 2018 em que o cliente comprador gostou muito da forma como conduzimos a negociação e nos pediu para conhecermos um imóvel da família que estava em processo de venda havia dois anos, por várias imobiliárias e suas centenas de corretores.

No dia em que fomos conhecer o imóvel para avaliá-lo, o meu conhecimento em documentação fez com que eu identificasse um documento da Secretaria do Patrimônio da União. Ao simplesmente vê-lo em cima da mesa, perguntei:

— O imóvel é foreiro à União?

— Sim. – respondeu o cliente.

— O cadastro não está atualizado, se o senhor encontrar um cliente agora para comprar o seu imóvel, vocês não conseguirão fazer a escritura de imediato.

Pronto! Isso era tudo o que eu queria encontrar, uma forma de ser útil para ele, no que se referia à documentação.

Ele perguntou:

— Como? Se nenhum corretor me avisou sobre isso!

E eu respondi:

— Poucos dominam a parte documental de imóveis. Essa regularização faz parte do serviço completo em minhas assessorias, eu faço para o senhor, desde que trabalhe o imóvel de forma exclusiva.

O imóvel estava sendo oferecido por 11 imobiliárias, as maiores do Rio, com preço variando de R$ 1.750.000 a R$ 1.620.000. Adequamos o preço do imóvel, apresentando uma avaliação com precificação em "faixa de valor vendável", entre R$ 1.480.000 a R$ 1.550.000. Montamos uma estratégia de divulgação diferenciada com campanhas virtuais e orgânicas e, em menos de quatro meses, concluímos a venda.

Toda metodologia orgânica foi aplicada nessa venda.

- Ele tinha a minha referência do bom trabalho, feito ao intermediar a venda do imóvel que ele comprou, por isso, ele me recomendou aos demais herdeiros, facilitando assim o meu trabalho como corretor exclusivo. Eles comunicaram as 11 imobiliárias, para não divulgarem mais o imóvel.

- Por meio do meu conhecimento prático documental, identifiquei uma questão na documentação do imóvel e dei uma solução. Tornei-me útil, antes mesmo de vender o imóvel, já estava prestando um serviço relevante para ele.

- Identifiquei a necessidade de venda iminente, o imóvel pertencia a três herdeiros, e não era interessante manter o imóvel em condomínio, cada um deles tinha a sua necessidade que só seria suprida com a venda.

- Apresentei uma avaliação com a precificação do imóvel em valor vendável, valor real, justo, atrativo aos clientes, economizando muito tempo, e fazendo com que o imóvel fosse muito mais visto, uma vez que a faixa de valor do imóvel é o filtro principal de busca de compradores.

- Durante os quatro meses, demos posicionamentos frequentes aos herdeiros, isso agrega e valoriza muito o nosso trabalho. Explicamos algumas dificuldades, e não foi complicado para que eles aceitassem a primeira proposta concreta de um cliente comprador. Objetivo alcançado, mais uma negociação concluída pela metodologia orgânica.

Quer aprender a fazer vendas como essa? Quer saber sobre a metodologia orgânica de vendas? Tudo isso e muito mais está no Profissão Corretor, o mais completo curso EAD para corretores do mercado de terceiros/usados:

https://www.imobiliariaescola.com.br/profissao-corretor

Capítulo 12

Máquina de vendas: processos altamente eficazes

Leandro Lorenzon

Trabalhando na indústria, aprendi a respirar processos e entender a sua importância para a eficiência de qualquer negócio. No mercado imobiliário, enxerguei uma lacuna responsável por grande parte dos problemas que impedem o crescimento de pequenas imobiliárias e incorporadoras. Agora, com as sete etapas do método Máquina de Vendas, abre-se uma nova era em nosso mercado, a era da produtividade e do crescimento em escala.

Leandro Lorenzon

Personal broker, bacharel em administração e corretor avaliador de imóveis; foi *case* nacional de sucesso no ano de 2018, quando palestrou para duas mil pessoas em São Paulo. Pesquisador e consultor especialista em estratégias de mercado e *marketing* digital; desenvolveu o primeiro modelo de pré-vendas voltado à comercialização de imóveis no Brasil. Criador do método *Máquina de Vendas* para o mercado imobiliário e autor do artigo *Técnicas de vendas aplicadas ao mercado imobiliário*. Com experiência em processos industriais, gestão de pessoas e incorporação imobiliária, fundou a própria construtora e, antes, sua imobiliária, onde atua como *broker* e diretor executivo, desde 2011. Apresentou dois quadros na televisão, o primeiro chamado *Bem morar*, e o segundo, ao vivo para todo o oeste de Santa Catarina, pela Ric Record, o *Imóveis em foco*. Também escreveu como colunista para as revistas La Vittá e Grande Oeste. Atualmente, busca disseminar a cultura da *Máquina de Vendas*, por meio do modelo de negócios Lorenzon.

Contatos
www.lorenzonimoveis.com
www.leandrolorenzon.com
contato@leandrolorenzon.com
Instagram: leandrolorenzon
(49) 99914-2825

Durante anos transformei minha imobiliária em um laboratório, tudo o que estudava, modelava, aplicava e validava dentro do negócio. Nesse caminho, muitas descobertas tiveram ótimos resultados, e outras não. Crises seguidas me fizeram resgatar ensinamentos de quando trabalhei na indústria, dentre eles fazer mais, melhor e com os menores recursos. Foi então que apostei todas as minhas fichas em algo inédito no mercado.

Após meses de exaustivas reuniões, treinamentos e ajustes, modelamos nosso primeiro processo de pré-vendas para comercialização de imóveis. Enxugamos a nossa estrutura, reduzimos a nossa equipe e colocamos para rodar o piloto que, em pouco tempo, alavancou 488% em nosso faturamento.

As sete etapas da Máquina de Vendas Lorenzon

Todo processo é um conjunto de atividades que possibilita a divisão do trabalho em partes menores, facilitando o seu entendimento, treinamento, medição e, por fim, o gerenciamento. A partir do momento em que mapeamos e estabelecemos quais são as atividades envolvidas dentro do processo de vendas, criamos uma esteira de trabalho onde, quanto maior a padronização das etapas, maior a previsibilidade de resultados, reduzindo, assim, imprevistos e pessoalidades.

As etapas na nossa *Máquina de Vendas* também permeiam por diferentes setores e departamentos dentro de uma mesma organização, independentemente do tamanho da sua estrutura. A *expertise* em cada uma dessas áreas será fundamental para obter todo o potencial dessa ferramenta, e o sucesso em sua aplicação. Vamos conhecer agora as etapas de funcionamento.

Etapa 1 – Clareza de posicionamento

"Se você não sabe para onde ir, qualquer caminho serve". Essa frase eternizada por Charles Dodgson, em *Alice no País das Maravilhas*, resume grande parte do nosso ponto de partida. De nada adianta velocidade, foco e desempenho apontados na direção errada. A verdade é que isso pode ser um verdadeiro desastre.

A chave da venda de imóveis

Posicionamento de mercado diz respeito ao espaço em que uma marca ocupa na mente do seu cliente, tornando-a diferente das demais e, consequentemente, memorável. Assim, uma boa estratégia de posicionamento fará com que o produto ou a marca ocupe a primeira posição de escolha do consumidor, ao mesmo tempo em que torna mais elástico o preço que ele está disposto a pagar por um determinado produto ou serviço.

Uma ferramenta que uso para criação de posicionamento é o *Golden Circle*, desenvolvida pelo estudioso americano Simon Sinek. Como o próprio nome de seu livro escrito em 2009 diz, *Comece pelo porquê* para vender produtos e serviços com preços acima de seus concorrentes, é preciso estabelecer um forte vínculo emocional com o seu público, com base no que você pensa e faz, e não apenas no que vende.

Para colocar em prática o *Golden Circle* versão tupiniquim, comece respondendo por que a sua empresa/negócio deve existir. O que justifica a sua existência? Trata-se do que o mundo e as pessoas ganham com o seu negócio ou perdem sem ele. Esse propósito deverá ser vinculado ao seu público-alvo, ou seja, quem será o centro das atenções da sua causa.

Feito isso, passamos à segunda esfera do círculo dourado, onde devemos responder o como você irá agir para atingir o seu porquê. Quais ações e estratégias serão realizadas para atingir o propósito de existência do seu negócio? Aqui, veremos, pela primeira vez, a aplicação do conceito de processo, pois abriremos quais métodos de trabalho deverão ser utilizados, alinhados a sua proposta única de valor, para atingir o seu objetivo.

Por fim, chegamos à camada externa que deverá traduzir de forma clara e objetiva o que você faz, qual o seu negócio, produto ou serviço; como explicar aquilo que vende. O segredo nesse ponto é tangibilizar a causa inicial de tal forma que sirva de razão e inspiração na tomada de decisão do seu consumidor. Materialize o seu propósito.

Etapa 2 – "Todo mundo não é seu cliente"

Um dos maiores segredos do sucesso é aprender a dizer não. Isso porque nós temos uma quantidade limitada de "sins" para dizer todos os dias, e toda vez que dizemos sim para algo ou alguém, estamos dizendo um não equivalente. Isso significa que se eu disser sim para o futebol da quarta-feira à noite, estarei dizendo não para minha esposa, assim como quando digo sim àquele cliente que não está alinhado com o meu propósito e foco de negócio; rigorosamente estarei dizendo não para um cliente em potencial dentro do meu nicho de mercado, com muito mais chances de fechar um ou mais negócios.

Nessa hora, entendemos que menos clientes podem facilmente significar mais vendas e mais dinheiro no bolso, por isso a importância de deixar claro não apenas quem será o seu público-alvo, mas, principalmente, quem está fora do seu alvo. Nesse caso, precisará resistir à tentação de querer vender algo para ele, e orientá-lo quanto à melhor forma de resolver o seu problema. Imagine como seria se você pedisse um pedaço de *pizza* no McDonald's ou no Burger King?

Etapa 3 – Atraindo os clientes certos

Depois que entendemos quem é e quem não é nosso cliente, precisamos compreender qual o perfil de comportamento desse público, para que a nossa comunicação seja focada especificamente nas suas dores e desejos. É fundamental entender com total clareza como o seu público-alvo pensa, sente e entende, a si e ao seu propósito, afinal ele está lá no meio do nosso alvo.

Feito isso, é hora de nos comunicarmos com essas pessoas, de forma a reter sua atenção e converter suas ações com base em como: a) eliminamos ou amenizamos a sua dor; b) aproximamos ou entregamos o seu sonho/desejo; c) respondemos suas dúvidas mostrando como podemos ajudar a resolver seus problemas; d) apresentamos uma proposta única de valor que nos destaque da concorrência.

A forma como essa mensagem será entregue ao público-alvo dependerá exclusivamente do seu perfil de comportamento, podendo ser pela *Internet* (*e-mail*, WhatsApp, Google, Facebook, YouTube, Instagram, LinkedIn), ou mesmo pelas formas tradicionais, cada vez mais esquecidas, mas não menos eficazes, como telefone, visitas, ou mesmo um cafezinho na padaria da esquina. Lembre-se de que você é porta-voz do seu produto e serviço e, quanto mais for visto e ouvido, maiores as probabilidades de ser comprado.

Etapa 4 – A magia da pré-venda

Arthur "Red" Motley já dizia, em 1946, que "nada acontece até que uma venda seja feita". E, para acelerar essa cadeia de negócios, surgiu a figura da pré-venda, que consiste num processo de apoio comercial responsável pela qualificação de potenciais clientes, classificando as oportunidades de negócio por meio de fatores técnicos e situacionais.

As equipes de pré-vendas têm funcionado como propulsores das equipes de vendas, entregando clientes com maior potencial de compra, e reduzindo o desperdício de tempo com atendimentos improdutivos de clientes que ainda não estão em fase de compra. Essa combinação estratégica de esforços traz resultados sem precedentes para todo mercado.

No Brasil, a Imobiliária Lorenzon foi uma das pioneiras na modelagem de pré-vendas dentro do mercado imobiliário. Foram meses de estudos, consultorias, treinamentos, modelagem e testes de sistemas para adaptar esse modelo de trabalho em um mercado de vendas complexas, até então inexplorado. O método de pré-vendas Lorenzon, desenvolvido dentro de nossa pequena imobiliária, trouxe resultados significativos, gerando um aumento de 488% de faturamento em seis meses, após a redução de metade da equipe de vendas.

O processo de execução dele consiste na abordagem ativa de *leads*, por meio de ferramentas de mensagem eletrônica e chamadas de voz, seguidas da aplicação de dois filtros de qualificação organizados em trilhas. Essas são formadas por perguntas de conhecimento e confirmação, com pontuações específicas que irão resultar em um *lead scoring* responsável pela classificação e ranqueamento das oportunidades de negócio dentro da imobiliária.

Etapa 5 - Entender para atender

Vamos entrar agora no mundo do relacionamento com os clientes, onde grande parte dos ensinamentos podem ser resumidos em poucas palavras: cliente não é um número, é uma pessoa, um ser humano como você, que deve ser tratado com empatia e, acima de tudo, respeito. Empatia é o processo de se identificar com o outro, de entender o que ele sente e o que ele quer. É se colocar no lugar da outra pessoa.

Entre as principais e mais difundidas técnicas de vendas existentes no mundo, uma em especial se repete na maioria delas e constitui a base comportamental do atendimento de sucesso em vendas. Perguntar com interesse e ouvir com empatia. Esse pequeno tesouro já foi alvo de milhares de interpretações que o transformaram em livros, treinamentos, palestras, vídeos, e o que mais você possa imaginar para tentar colocar na cabeça dos vendedores o óbvio que poucos querem enxergar.

Então, na próxima vez em que você se relacionar com um cliente, lembre-se de que pessoas compram de pessoas, com as quais geraram laços emocionais que inspiram confiança, e o caminho mais curto para esse objetivo é saber se colocar no lugar do outro, sem julgamentos, respeitando seu espaço e o tempo de cada um.

Etapa 6 – Nutrição ontem, hoje e sempre

A nutrição de clientes, também conhecida como *follow-up*, é uma das obrigações primárias mais esquecidas pelos corretores de imóveis. Quantas vezes um amigo seu ou até mesmo um familiar comprou algo que você vendia de um concorrente? Isso já aconteceu? Isso costuma ocorrer porque as pessoas simplesmente não se lembram de que você pode ser ou ter exatamente aquilo que elas estão procurando.

Muitos corretores não entendem bem a dinâmica do *follow-up* e acabam perdendo grandes oportunidades de negócio pela falta de organização, disciplina e persistência no contato com seus clientes. A nutrição vem estabelecer uma escala de contatos relevantes que mantenham o corretor ativo na lembrança do cliente, e aqueçam a oportunidade de negócio durante o processo de amadurecimento da decisão da compra.

Vale tudo nessa hora, matérias interessantes, postagens de clientes que fecharam negócios similares, depoimentos, *e-books* com conteúdo, vídeos tutoriais, guias falando sobre a localização do imóvel e até aquela mensagem de "tenha uma linda semana" que a sua tia mandou no grupo da família... mas, calma, tudo sempre com moderação e muito bom senso, ok?

Existem diferentes tipos de funil de nutrição, por exemplo, enquanto o cliente estiver no funil de pré-venda o *follow-up* varia em intervalos de 24 a 48 horas. Se após sete tentativas não houver retorno satisfatório, ele é transferido para uma espécie de *newsletter* segmentada.

Caso a oportunidade evolua para o funil de vendas, a nutrição deve acontecer de 48 horas até sete dias, enquanto as oportunidades que migram para o funil de manutenção possuem nutrição periódica que varia de sete a 90 dias, dependendo de cada situação. Sempre que um cliente sair do funil de vendas, ele deve ser transferido para um cadastro de *newsletter*, e jamais esquecido.

Etapa 7 - Técnicas de negociação e fechamento

Chegamos ao ponto crucial da nossa máquina de vendas, o fechamento do negócio. Todos os processos desenvolvidos em nosso método possuem um único objetivo, de convergir as melhores oportunidades de negócios para essa etapa, em que o profissional de vendas tem a grande responsabilidade de ajustar os termos da negociação e conseguir o tão suado fechamento do negócio. A pressão nesse momento costuma ser uma grande pedra no sapato de muitos corretores, mas é preciso manter a calma para não colocar tudo a perder depois de tanto trabalho.

Uma das grandes armadilhas dos corretores de imóveis, especialmente nesse momento, chama-se ansiedade, um sentimento desagradável gerado pela necessidade emocional de antecipar um evento futuro. Nessa hora, muitos vendedores colocam tudo a perder, querendo fechar o negócio a qualquer custo, e colocando em cheque toda a credibilidade depositada até aquele momento. Nunca esqueça, sem confiança não existe negócio.

Algumas técnicas de vendas, negociação e fechamento podem ajudar muito você a ultrapassar essa fase do negócio com sucesso, mas, como o nosso espaço aqui é limitado, vou disponibilizar um manual exclusivo que só poderá ser acessado por meio do *link* que deixarei neste artigo. Para ter acesso ao *e-book Técnicas de vendas aplicadas ao mercado imobiliário*, basta acessar o endereço: www.leandrolorenzon.com/manual e baixar o guia gratuitamente.

As oportunidades de negócio estão surgindo no mercado dia após dia, e sempre haverá alguém querendo comprar ou vender um imóvel, assim como o dinheiro nunca desaparecerá do mercado, ele apenas troca de mãos. Seja você o profissional merecedor de ser escolhido para realizar esse negócio, oferecendo uma experiência memorável para seus clientes.

Finalizo com a mesma citação que encerro todas as minhas palestras, desejando que sirva de inspiração para todos os momentos da sua vida:

> O que quer que você faça, faça bem feito. Faça tão bem feito que quando as pessoas o virem fazendo, elas queiram voltar e ver você fazer de novo, e queiram trazer outros para mostrar o quão bem você faz aquilo que faz. (Walt Disney)

Capítulo 13

É preciso coragem para mudar a sua história

Maria Palazzi

Estou com o coração grato a Deus, autor da vida, pela oportunidade de compartilhar contigo um pouquinho da minha história e trajetória profissional. Acredite, você não está lendo este artigo por um acaso. Quando desistir, não é opção, o sucesso é inevitável. Você pode!

Maria Palazzi

Tecnóloga em processamento de dados, graduada pela Universidade Presbiteriana Mackenzie; corretora de imóveis desde 2005. *Coach*, palestrante, atua no mercado imobiliário de alto padrão de terceiros – São Paulo. Experiência de quatro anos em imobiliária, e autônoma desde 2010.

Contatos
www.mariapalazzi.com.br
contato@mariapalazzi.com
Instagram: mariapalazzibroker
Facebook: Maria Palazzi
YouTube: Maria Palazzi

Continue a nadar, não desista, você pode!

Dedico este capítulo a você, mulher, mãe, filha, esposa, e corretora de imóveis que, assim como eu, atua em todas essas áreas com o nosso melhor e na condição que temos. Essa é a minha história, um pouquinho do que Deus planejou, para que, nos dias de hoje, eu cumpra o propósito determinado em minha vida.

Acredito fortemente que nada na vida é por um acaso, não cai uma folha da árvore da vida se não for para o nosso bem e por um propósito. Devido as nossas limitações, muitas vezes, não aceitamos e nem entendemos a situação que nos aflige. A primeira reação é murmurar, deixar para lá. Acredite, querida corretora de imóveis, sempre há algo a aprender e evoluir na jornada da vida.

Voltando ao início de tudo

Sou de uma família simples de seis irmãos. Meus pais vieram de uma pacata cidade chamada Taperoá, na Paraíba, em busca de algo melhor, para construir a nossa história em São Paulo.

Muitas coisas acontecem ao longo de nossas vidas, com a minha família não foi diferente. O meu pai, metalúrgico, trabalhador exemplar; minha mãe, do lar, mas sempre arrumava o que fazer para ajudar o meu pai no maior desafio de suas vidas: criar sete filhos com dignidade, educação, formando homens e mulheres de caráter.

Apesar de toda dificuldade da época, vivíamos felizes, em união. Minha irmã e eu trabalhávamos para ajudar em casa, quando um dia, num piscar de olhos, recebemos uma notícia que mudaria nossas vidas. Hoje, entendo bem as palavras de Tony Robbins: "é nos momentos de decisão que nossos destinos são traçados".

Em fevereiro de 1986, o meu pai teve um derrame cerebral, e precisamos ir para o hospital. Esse trajeto talvez tenha sido o mais longo de minha vida. Nos dias seguintes, só Deus saberia o que estava por vir. Infelizmente, aos 49 anos, meu pai não resistiu à recuperação cirúrgica e veio a óbito.

A chave da venda de imóveis

Hoje, posso imaginar o turbilhão de pensamentos e emoções na mente e na vida de minha mãe – E agora? O que fazer? Como criar sozinha sete filhos? Um ponto transformador foi ver a minha mãe com toda dificuldade, uma guerreira, levantar-se, decidir e traçar o nosso caminho. Sua decisão foi fundamental em nossas vidas.

Ela não desistiu, e quando desistir não é opção, o sucesso é certo; decidiu encarar todas dificuldades, seguir no projeto, educar e tornar os filhos homens e mulheres de valor.

Escrevo esta história com a minha mãe ativa, guerreira, com 79 anos, meus irmãos formados, casados, e rodeados de filhos. Um verdadeiro exemplo de vida, resiliência, persistência e amor ao próximo.

Aos 14 anos, comecei a trabalhar e dei início a minha jornada profissional. Aprendi que sempre podemos nos aprimorar e buscar algo melhor, assim fui trilhando esse caminho. Os anos passaram, graduei-me na Universidade Presbiteriana Mackenzie, em 1989, já atuando profissionalmente na área de venda e consultoria.

Em 1992, casei-me com José Palazzi, presente de Deus em minha vida, amigo, companheiro; juntos desenvolvemos o nosso projeto de vida, a nossa família. Trabalhamos muito e, arduamente, em 1998, Maria Alice nasceu, e encerrei a minha atividade profissional na área de vendas e consultoria, para exercer a função mais importante de minha vida: ser mãe, educar e transformar a nossa filha em uma mulher de valor.

Nesse momento, em minha mente passavam muitos pensamentos, sentimentos, momentos maravilhosos e angustiantes, mas algo no meu íntimo me incomodava a ponto de não me sentir realizada por completo. Sabia que era a vida profissional que faltava, mas como deixar a pequena Alice para trabalhar fora? Seria possível conciliar a pessoa, a mãe, a esposa e uma vida profissional? Onde trabalharia? O que faria?

Meses se passaram e os questionamentos só aumentavam, orava a Deus pedindo direção e sabedoria para decidir e trilhar o caminho que Ele teria para a minha vida.

Eis que nasce uma corretora de imóveis

Certa vez, estava eu caminhando na praça com Maria Alice, quando um rapaz, dono de imobiliária no bairro, veio conversar comigo. Nesse dia, recebi um convite que, certamente, mudaria a minha vida profissional. Fui convidada para ser captadora de imóveis, sendo remunerada pelos imóveis vendidos.

Maria Palazzi

Seria essa a resposta de minhas orações? Como amo desafios, gostei da ideia e as caminhadas na praça e o banho de sol de Maria Alice aumentaram, iniciando um grande *networking*, porta a porta. No fim de três meses, os resultados foram tremendos, a ponto de receber o convite para trabalhar como corretora de imóveis, podendo levar a minha filha junto. A partir daí fui em busca de conhecimentos, quando, em abril de 2005, recebi a carteira do CRECI/SP, uma verdadeira virada de jogo.

Virar o jogo implica em escolhas que podem impactar várias áreas de nossas vidas, e prosseguir a partir dessas escolhas, uma vez dado o primeiro passo, é preciso ter ciência de que não basta somente o conhecimento técnico, é necessário ter a capacidade de estabelecer uma rede de contatos e relacionamentos importante para nós, corretoras de móveis.

Nessa trajetória, trabalhei em imobiliárias, porém nunca me conformei com a situação atual, sempre quis algo a mais, independência profissional, liberdade de atuação, desejos de novos conhecimentos e a necessidade de sempre me aperfeiçoar, 1% melhor a cada dia.

Um fator importante para uma trajetória profissional de sucesso é a definição de um nicho de atuação, tenha com clareza um alvo, e isso fará com que suas ações sejam direcionadas de forma assertiva.

Estamos acostumados ao "modelo tradicional" de atendimento, muitas vezes, saímos atirando para todos os lados, tendo como resultado o excessivo gasto de energia e frustração, chegando, frequentemente, a pensar em desistir.

Sempre que possível, esteja com pessoas que a impulsionem, que a inspirem e modelem. Participe de eventos, *workshops*, reuniões, as oportunidades são inúmeras nos encontros presenciais, acredite no que você planejou para o cumprimento de sua meta, desenvolva a capacidade de se recuperar e levantar após situações adversas.

Procure causar sempre uma boa impressão desde o primeiro contato. Cumpra com os horários preestabelecidos, seja autêntica e transparente. São as pequenas atitudes que nos ajudam a fixar a nossa marca positiva no mercado.

Querida corretora de imóveis, entre vários atributos, você tem a incrível capacidade de ir para um próximo nível. Tudo o que precisa é encontrá-la, bem aí dentro. Sim, é possível. Você pode!

A vida é curta, motivo pelo qual não podemos dispensar ou terceirizar a responsabilidade de nossa felicidade e realização.

A chave da venda de imóveis

Depende de você o controle de sua vida pessoal e profissional; a chave do sucesso está em não deixar nunca que terceiros destruam seus sonhos. Mais do que isso, não se permita deixar de alimentar os seus sonhos, todos os dias, hoje, amanhã e depois. Siga, prossiga e jamais desista. A cada manhã, os seus sonhos e ideais precisam estar bem claros em sua mente e em seu coração.

Quando o Criador nos criou em Seu infinito amor, recebemos uma pitada generosa de uma força interior para realizar, fazer acontecer, mesmo em um mar revolto em nossas vidas. Passamos por tantos dilemas emocionais entre a vida pessoal e profissional, que flutuamos no campo da insegurança. O que a impede de tomar o controle de sua vida?

Na busca por respostas entre o pessoal e profissional, muito li e ouvi sobre uma vida com propósito, resiliência, estar presente aqui e agora, empoderamento, a capacidade de realizar mudanças necessárias, para evoluir e tomar o controle de si.

Muitas vezes, as crises se apresentam como uma tempestade intensa, gerando tristeza, impotência, insegurança e medos, diminuindo a nossa capacidade de resistir simplesmente porque permitimos que isso aconteça. Em diversos momentos, essa situação nos quebra e exige posicionamento, nos leva à perda dos sentidos, da razão e consciência. Uma verdadeira doença emocional.

Queremos abraçar tudo e, na maioria das vezes, esquecemos que somos limitadas. É preciso dedicar tempo para nós, tempo esse que, às vezes, deixamos apenas para os outros: marido, filhos, família, amigos.

É preciso dedicar tempo, cuidar de algumas áreas de nossas vidas: a pessoal, o autoconhecimento para trilhar nossa jornada, de onde estou e para onde vou. A profissional, o conhecimento e a certeza da necessidade de evolução em todo o tempo, reciclar conhecimentos sempre. Você é o piloto de sua jornada, é preciso uma boa dose de coragem, trabalho duro, dedicação no seu desenvolvimento, persistência, resiliência... A responsabilidade de fazer o seu talento acontecer é sua.

A inteligência espiritual é a capacidade que o ser humano tem de compreender que há um criador que gera em nós a capacidade de dar um significado a todo processo, sempre em fé. Ao se conectar com Ele, você encontrará forças para conquistar qualquer objetivo e entender o seu propósito para cada atendimento.

Ao criar essa conexão com o Criador, tudo começa a fazer um certo sentido. Você passa a confiar mais Nele, sua fé cresce, a certeza de estar no caminho, servindo e exercendo o seu propósito, faz com que sejamos fortalecidos a cada dia. Os seus valores e crenças norteiam suas escolhas.

Estamos sempre buscando respostas e, na procura por Deus e Seu amor, teremos respostas que a ciência nunca nos deu, como ter esperança, mesmo em momentos difíceis, ter coragem para enfrentar os problemas, mesmo quando, aos nossos olhos, tudo parece impossível. A saúde espiritual é tão importante quanto a saúde emocional, dar importância a ela faz toda a diferença.

Busque um mentor extraordinário para modelar, pensando na liderança de Jesus, analise que modelo extraordinário teríamos: aquele que entrega o Seu melhor, aquele que compreende os fatos passando por eles de forma positiva, tranquila, vitoriosa e, por fim, a área social, para que tudo flua em harmonia com todos os envolvidos em cada processo. Comunique-se em amor, não importa onde ou com quem, olhe nos olhos, pratique o seu propósito com o coração, faça do poder da conexão momentos memoráveis.

Prezada corretora de imóveis, conquiste o seu sonho, você pode! Para que um sonho se realize, precisamos de um que acredite, agora somos dois. Conte comigo, sucesso!

Capítulo 14

A ética relacionada às vendas dos corretores de imóveis

Patricia Carvalho de Oliveira

O comportamento ético preocupa-se com resultados a longo prazo. Ética é a consciência. Uma regra de grande valia é posicionar-se no lugar da pessoa que poderá ser afetada com determinado ato. Quer seja um empregador, um colega, um concorrente ou um cliente, é preciso observar a questão sob o ponto de vista do outro.

Patricia Carvalho de Oliveira

Consultora imobiliária e corretora de imóveis desde fevereiro de 2000, atua no mercado de vendas desde cedo. Trabalhou na Uniamérica Óleos Vegetais como vendedora de produtos químicos, e destacou-se muito rápido no período em que lá esteve. Seu primeiro emprego como corretora foi na empresa Coelho da Fonseca, depois passou por algumas empresas menores até seguir com o seu trabalho na empresa familiar Alves & Carvalho Negócios Imobiliários. Atua hoje como corretora autônoma. Formou-se em química na Faculdade Oswaldo Cruz, possui diploma em terapeuta quântica com hipnose. *Power mind* quântico, estudante e praticante de meditação. Formação de *coach* em vendas pelo IBC (Instituto Brasileiro de Coaching). Certificada na área do desenvolvimento humano e pessoal, utiliza técnicas terapêuticas como EFT, para o seu crescimento interno. Foi *power mind* e *power trainer* do UL–Ultrapassando Limites. Estudou o Fórmula de Lançamento, Gatilhos Mentais, Mais Persuasão, Venda Turbinada, dentre outros. Participou do evento Tony Robbins no Brasil e, desde 2017, é uma *broker hunter*.

Contatos
patricia_coliveira@hotmail.com
Facebook: Patricia C Oliveira/ Patricia Carvalho de Oliveira
(11) 98291-5776

Patricia Carvalho de Oliveira

> O indivíduo sem ética enxerga apenas a si mesmo, não se importando com o que as outras pessoas sofram em consequência disso. A primeira premissa para você ser ético como corretor de imóveis é: você precisa ajudar o cliente a resolver os problemas; não os seus, os dele.
> (Murilo Macena)

A minha história como corretora

Gostaria, primeiro, de me apresentar. O meu nome é Patricia C. Oliveira, sou de São Paulo, exatamente da zona sul. Estou no mercado imobiliário há 19 anos. Sou *coach* de vendas pelo Instituto Brasileiro de Coaching – IBC. Tenho formação como *power trainer*, já participei de *master mind* com alguns empreendedores de sucesso e sou química de formação acadêmica, porém o desenvolvimento pessoal sempre me chamou muito a atenção. Essa área é a menina dos olhos para mim, e está intimamente relacionada à ética, assunto do qual vamos falar aqui.

O desenvolvimento pessoal me ajudou bastante no ramo em que atuo, pois acredito que conhecer a si é a melhor forma de lidar com os demais. Quando cuidamos de nós, temos facilidade em olhar para o ser humano de forma íntegra e agir de modo responsável com o outro.

Pensando dessa forma, busquei o que pude para trazer ao meu dia a dia mais conhecimento sobre a área do desenvolvimento, de forma a agregar um relacionamento melhor com meus clientes e me tornar uma profissional mais qualificada.

No ramo imobiliário, estamos em contato direto com pessoas, e quanto mais nos conhecemos e nos entendemos, temos um olhar diferente em relação ao outro, que é nosso cliente. Obtemos uma visão mais ampla, entendendo o que ele procura, sabendo como ele age, olhando suas questões, percebendo de forma clara e consciente o que o cliente precisa, ficando mais fácil e prazeroso o processo da venda, afinal de contas, esse é o nosso objetivo final.

Quando comecei a atuar como corretora, a falta de ética estava impregnada no ramo imobiliário. A concorrência era enorme e desleal; parceiros de trabalho tentavam retirar clientes dos corretores que recebiam ligações constantemente, havia uma certa "proteção" para alguns profissionais, as fichas (atendimento físico) e contatos de clientes novos não podiam ficar sem vigilância nas baias de atendimento, porque criavam pernas. Ligações de placas e contatos telefônicos eram claramente direcionados aos "protegidos", acontecimentos vergonhosos eram constantes.

Não era nada fácil, agradável e prazeroso viver em um ambiente assim, mas, com o passar do tempo, muitas coisas aconteceram. Depois de inúmeros desentendimentos, felizmente o nosso mercado teve mudanças, porém ainda encontramos situações em que a falta de ética parece estar enraizada em alguns profissionais.

Vale lembrar que a ética é algo que deve estar intrínseco a nós, algo que deve fazer parte do todo e de cada ser humano, ser a nossa essência, mas vamos lá.

Lidar com pessoas era relativamente fácil e tranquilo no meu caso. Sempre estive vendendo algo, mas, com o passar dos anos, percebi que o que eu mais vendia era a minha imagem, e descobri também que mais do que o produto que meus clientes compravam, mais do que as suas necessidades, era a segurança transmitida a eles o que me ajudava a seguir no caminho das vendas. Fui percebendo que a minha imagem perante o cliente, a maneira como eu agia me transformavam numa profissional respeitada.

Em todos esses anos de trabalho, uma habilidade que eu sempre tive e percebi no ramo de vendas é saber ouvir o cliente, um fator determinante para chegar a uma venda de fato! E, no decorrer do tempo, para minha surpresa, percebi algo que se tornou corriqueiro, pois me tornei amiga de muitos dos clientes que fizeram negócios comigo, pois eles sentiam segurança e confiança no meu trabalho, e essa relação de amizade se estreitava.

Falando um pouco mais sobre a ética

Vamos falar de ética; qual a definição dessa palavra?

No dicionário, a definição de ética é: segmento da filosofia que se dedica à análise das razões que ocasionam, alteram ou orientam a maneira de agir do ser humano, geralmente tendo em conta seus valores morais. (Por extensão) reunião das normas de valor moral presentes numa pessoa, sociedade ou grupo social: ética parlamentar; ética médica.

Muitas pessoas confundem o significado de ética e moral, por acreditarem que essas duas palavras têm o mesmo conceito. A palavra ética vem do grego *ethos*, que vem do latim *morale*.

Essas duas palavras têm significados distintos: moral é um conjunto de normas que regula os comportamentos desenvolvidos ao longo da vida, por meio das tradições que carregamos, da educação que recebemos e pelo que vivenciamos diariamente.

Por outro lado, já nascemos com a ética, ela vem relacionada a algo da natureza, que faz parte do ser humano, a diferenciação do que consideramos certo ou errado. Alguns pensadores definem ética e moral conforme estes exemplos:

- Ética é o princípio, enquanto a moral são aspectos de condutas específicas.
- Ética é permanente, moral é temporal.
- Ética é universal, moral é cultural.
- Ética é regra, moral é conduta da regra.
- Ética é teoria, moral é prática.

A palavra ética é muito usada atualmente, porém nem sempre de forma coerente com o seu significado. Quando vemos empresas precisando bater metas, vemos vendedores tentando vender a qualquer custo, "empurrando" aquilo que o cliente não quer ou aquilo que o cliente não precisa. Quando isso ocorre, podemos, perfeitamente, enxergar que o trabalho foi realizado sem ética.

Não quero dizer aqui que metas não são importantes, afinal as metas nos impulsionam a ter mais garra e alcançar objetivos; tampouco quero expressar que não devemos nos esforçar para vender. O que quero dizer é que apenas podemos utilizar desses recursos, e muitos outros, com os princípios engajados na ética. E, por que falar dela? O que isso realmente tem a ver com essa história que contei sobre mim?

Eu sempre usei como meta a seguinte pergunta: como eu gostaria de ser tratada se eu tivesse no lugar desse ou dessa cliente? Comprar ou vender um imóvel, para muitos, quer dizer a economia de quase uma vida toda. Isso significa que, para o cliente comprador ou vendedor, o corretor é a pessoa que pode ser, em parte, "responsável" por fazer ou deixar de fazer um bom negócio e o que vai garantir ao cliente que os riscos de uma transação imobiliária sejam minimizados é a conduta do profissional.

Quando há transparência, bom senso, respeito, clareza e honestidade, uma negociação se torna tranquila, porque há sempre ética envolvida. Como nem sempre essa é uma conduta

A chave da venda de imóveis

corriqueira, compradores e vendedores ficam basicamente alertas, quando se trata do dinheiro deles, tentando se proteger ao máximo. Talvez alguns colegas de profissão já tenham comentado que o corretor de imóveis é visto como aquela pessoa que sempre está tentando levar o dinheiro do cliente. Se você já está no mercado, deve ter ouvido isso algumas vezes, mas, caso não tenha ouvido, prepare-se para essa realidade, pois infelizmente ainda vivemos com essa cultura distorcida.

Somos corretores de imóveis, trabalhamos e recebemos por comissões e isso é um fato claro e concreto. O nosso principal interesse é vender, afinal de contas, é uma profissão digna como qualquer outra, sem falar na boa rentabilidade que outras ocupações, muitas vezes, não proporcionam de forma tão rápida, mas com muito trabalho, suor, dedicação e seriedade.

Por isso, devemos deixar claro aos nossos clientes – compradores e vendedores – que estamos defendendo também seus interesses, buscando as melhores opções, dispostos a ajudá-los; com essa atitude devemos garantir que o início de uma parceria clara, aberta, honesta possa ser fechada instantaneamente.

Costumo dizer que a captação do imóvel é muito importante e é o momento em que devemos direcionar um tempo maior para conversarmos com o nosso cliente vendedor. É nesse primeiro contato que você passará a ele informações de como trabalha, a sua experiência no mercado, como agirá na venda do imóvel, quais cuidados serão tomados na apresentação, discutir valores de metro quadrado da região, entre outros procedimentos, para que, assim, ele perceba clareza e transparência no seu trabalho.

Se agirmos com o cliente não apenas pensando na venda, mas buscando alternativas, oportunidades que seriam interessantes a "nós", como fôssemos o comprador de fato, já teremos uma grande diferença. Claro que de acordo com as possibilidades e interesses dele, pois focar é a melhor opção.

Percebo no mercado muitos profissionais querendo apenas vender e, lógico que isso é importante, aliás, ninguém trabalha de graça, mas me responda uma pergunta, você sente confiança e tem vontade de comprar algo com aquela pessoa que demonstra apenas que quer tomar o seu dinheiro, não escuta o que você fala, mostra qualquer imóvel e não dá importância para os seus interesses e gostos? Apresentar um imóvel sem se preocupar com os detalhes, sem saber como o imóvel está, sem nem ter noção das informações necessárias para a sua venda não demonstra comprometimento e cuidado com o cliente.

Patricia Carvalho de Oliveira

Acreditem, apesar de parecer absurdo, ainda hoje ouço de proprietários e de compradores que já encontraram de tudo pelo caminho, e posso dizer que esse comportamento continua frequente no mercado. Já ouvi de diversos clientes que muitos corretores os levam para visitar imóveis que nada têm a ver com o que eles procuram. Alguns relatam ao corretor, logo no primeiro contato, que perderam o tempo fazendo visitas que nada tinham a ver com as informações que passaram. Você acha que eles retornam? Não, eles simplesmente decidem não procurar mais esse corretor.

Gostaria, então, de apresentar a você o porquê dos meus clientes chegarem a mim, já que eu praticamente não faço anúncios. Eu trabalho com uma das melhores propagandas: a chamada boca a boca (e não quero dizer aqui que anúncio não é importante, simplesmente quero salientar que é assim que funciona para mim, pois desenvolvi essa habilidade de sempre ser o mais honesta possível com todos os meus clientes, sejam vendedores ou compradores). Eu sempre escuto a seguinte frase, "fulano" me indicou e falou que posso confiar em você, que irá me assessorar até o final da venda, que o que me indicar eu posso confiar.

Relato isso com um certo orgulho, pois essas palavras formam frases gratificantes para mim, e sabendo que mesmo que eu não venda ou faça a captação para esse cliente, ele certamente divulgará o meu trabalho como uma excelente intermediadora de imóveis. Eu trabalho totalmente focada na ética, quero dizer que a ética faz parte de cada um de nós, e entender que devemos agir com o cliente, seja ele comprador ou vendedor, da maneira que gostaríamos que agissem conosco.

Então, passar informações a cada um deles, de maneira clara, honesta, sem querer esconder este ou aquele defeito, este ou aquele problema, informar gastos, falar de forma clara sobre o valor da sua comissão, fazer captação com a maior transparência possível, perguntando coisas simples, como valor de venda, certificando-se do quanto o vendedor deseja livre de comissão. Saber se o cliente fará financiamento, se o imóvel permite financiamento, entre outras coisas que são necessárias ao nosso ramo, fundamentais para iniciar e criar um elo de confiança entre ambos.

Atualizar-se sempre com o que está acontecendo dentro do nosso mercado também é muito importante. É somente assim que poderemos seguir com o trabalho de forma transparente. Muitas vezes, pergunto-me como algo tão simples, que considero tão essencial, é deixado de lado por profissionais do mercado imobiliário?

A chave da venda de imóveis

Talvez seja falta de comprometimento com o trabalho, talvez alguns estejam no mercado tratando o trabalho como um quebra-galho.

Costumo dizer que devemos estar de corpo e alma envolvidos naquilo que fazemos, porque caso isso não seja uma verdade, caso você não tenha paixão naquilo que faz, o dinheiro pode até surgir em um primeiro momento, porém não será frequente e o deixará desanimado com o passar do tempo.

Se você dá importância a todos os pontos, traz informações precisas ao seu cliente, mantém-se informado sobre o mercado, age com responsabilidade e defende os interesses confiados a você, além de mostrar conhecimento sobre as circunstâncias e ofertas relacionadas ao imóvel, não omitindo detalhes que possam causar risco ao cliente, tendo compromisso profissional e responsabilidade com seus clientes, preocupando-se com o bem-estar dele e mostrando lealdade com seus colegas de trabalho, posso dizer que está agindo e trabalhando de forma ética.

Um profissional ético garante bons relacionamentos com os clientes e colegas de profissão. Espero, realmente, que se comporte assim. Quando trabalhamos com ética, a leveza no trabalho torna-se corriqueira, a leveza na consciência permeia nossas células. A vida flui, as vendas fluem, o reconhecimento é constante e a atividade profissional é gratificante. Seja um corretor imobiliário respeitado, elogiado, responsável e comprometido com o seu mercado, com os seus clientes e com o seu trabalho.

Capítulo 15

Pós-venda: uma fonte inesgotável de clientes

Pierre Xavier

Um dos temas mais negligenciados no mercado imobiliário ganhará luz, será abordado de maneira didática e eficiente neste capítulo. Você descobrirá um mar de oportunidades e formas agradáveis de se relacionar com clientes da sua base e, de quebra, fazer novos negócios com eles, seus familiares, amigos e amigos dos amigos dos amigos. Descubra a seguir o que o pós-venda pode fazer por você!

Pierre Xavier

Corretor de imóveis, atua no mercado imobiliário desde 2013; reconhecido e intitulado pela Revista VendaMais, a maior publicadora de conteúdos sobre vendas no Brasil, como um super-pós-vendedor. Apaixonado pelo tema, participou de palestras no Brasil e em Portugal defendendo que "Venda é relacionamento. Relacionamento é confiança! Se o seu cliente não pode confiar em você, de que adianta vender?".

Contatos
www.pierreimoveis.com
pierre@pierreimoveis.com
Facebook, YouTube, Instagram, Twitter e LinkedIn: Pierre Imóveis
(51) 99336-2204

Você não chegou até aqui por acaso. Tenho boas verdades para contar, dentre tantas que já leu ao longo desta obra. Minha amada mãe dizia que "em terra de cego quem tem olho é rei". Essa frase sempre marcou a minha carreira, sempre tive patente a necessidade de encontrar o caminho que outros profissionais não dedicavam o empenho adequado.

E, garanto, você precisa ouvir isso. A partir de agora, ouvirá uma voz, constantemente, dizendo acerca da importância de um tema tão relevante e negligenciado no processo de vendas: o pós-venda.

Por imaginar que não segue o rebanho é que penso que, antes de aprender como fazer, é importante entender o porquê fazer, concorda?

Por que fazer pós-venda?

Segundo uma pesquisa da Revista VendaMais, 73,5% das empresas não possuem um sistema claro e bem definido para contatar ou atrair de maneira efetiva clientes que já compraram anteriormente; somente 15,1% dos profissionais abordam 100% dos seus clientes para fazer pós-venda.

Em nosso meio o percentual é ainda menor, estima-se que menos de 10% dos corretores tenham uma metodologia. Percebe-se que a imensa maioria negligencia uma etapa fundamental na manutenção de uma carteira sólida e recorrente de clientes: o pós-venda. Por isso, me parece uma grande lacuna a ser preenchida e um mar de oportunidades!

Muito se falou sobre técnicas de venda, novas tecnologias e diversos outros assuntos acerca da compra e venda de um imóvel. Pretendo complementar com a forma mais "barata" de conseguir um cliente: a indicação. Ela só ocorre quando você faz um trabalho diligente, do começo ao fim, aliás, sempre digo aos meus clientes que minhas negociações não têm fim, pois é muito comum nos tornarmos amigos durante o processo.

Pesquisas indicam que o brasileiro médio troca de imóvel menos de duas vezes ao longo da vida, portanto, à primeira vista, fazer pós-venda pode parecer irrelevante, já que dificilmente vocês negociarão novamente. Ledo engano, meu caro leitor!

A chave da venda de imóveis

Mesmo que o seu cliente negocie apenas uma vez, se conseguir fazer com que seja o único, sim, o único corretor a ser indicado por ele, a probabilidade de negociar muitas vezes por meio dele e dos amigos dos amigos dele aumenta muito.

Você já deve ter ouvido sobre a regra dos três graus de influência. Isso mesmo, o que o amigo do amigo do seu amigo faz pode influenciar suas decisões! Essa é uma descoberta dos sociólogos Nicholas Christakis e James Fowler, no livro *Conectados: como os amigos dos amigos dos seus amigos afetam tudo o que você sente, pensa e faz*. No livro, os sociólogos abordam amplamente o quão benéfica ou danosa pode ser a nossa rede social. E não estamos ainda falando sobre as mídias sociais conhecidas atualmente, como Facebook, Twitter e outras, pensemos sobre as redes sociais reais, interações cara a cara. Agora, se trouxermos para nosso cotidiano, cada vez mais conectado (agora, sim, as redes *online*), nossas decisões e a dos nossos clientes afetam em vários níveis as decisões dos nossos amigos e dos amigos deles. Em um paralelo da regra dos três graus aplicada ao mercado imobiliário, veja o exemplo claro do poder do pós-venda na influência social, que chamo de fluxo da indicação:

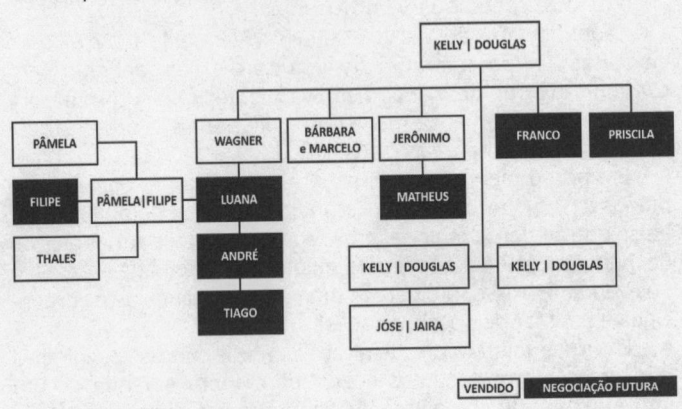

Ele representa, neste exato momento em que vos escrevo, negócios fechados e possíveis negociações futuras (clientes que não estão em momento ideal de compra), partindo de um primeiro casal de clientes (Kelly e Douglas) que compraram uma casa comigo em 2015.

Observe que recebi cinco indicações diretas, fechamos negócios nas três à esquerda, que já desencadearam outras indicações e fechamentos, de pessoas que ainda não compraram.

Todos estão conectados em algum nível na ilustração, mas os clientes da ponta esquerda sequer conhecem os primeiros clientes (Kelly e Douglas).

Há que se reforçar ainda a relação de confiança estabelecida com o primeiro casal, já que, nessa mesma imagem, pode-se observar que fechamos nossa terceira negociação (revenda da primeira casa e compra da nova casa). Recorda-se que as minhas negociações não têm fim?

Em meus anos como vendedor, o principal motivo para fazer pós-venda era um só: gerar futuras vendas com aquele mesmo cliente, assim como todo o seu círculo social. A ideia sempre foi ter uma legião de fãs pronta a me indicar. O mais bacana é que clientes indicados chegam sem a tradicional barreira criada em sua mente, de cliente *versus* corretor chato. Estamos falando de corretor para corretor, então sejamos diretos: é muito chato corretor que pega no pé do cliente como um carrapato. Ao receber um cliente indicado, saiba que será muito mais fácil, e barato, negociar com ele, desde que faça o que precisa ser feito da forma certa, ou sua imagem sofrerá o efeito reverso. Tenha sempre em mente que as pessoas querem comprar, mas elas não querem que você venda para elas.

Philip Kotler, o papa do *marketing*, diz que "conseguir um novo cliente custa de cinco a sete vezes mais do que manter um cliente atual". Partindo do princípio que fazer pós-venda pode render infindáveis novos negócios e clientes – de graça – pergunto: por que raios fazemos tão pouco?

Vou além, podemos considerar que a afirmação de Kotler é absoluta? Sim e não.

"Pierre, você enlouqueceu!".

Talvez.

Permita-se refletir comigo: se, em média, um cliente negocia imóvel menos de duas vezes na vida, dificilmente comprará novamente contigo. Em tese, não há porquê mantê-lo em sua base. Mas, se conseguir fazer-se presente em sua mente, a ponto de receber indicações que ensejarão novas vendas, sim, terá conseguido não só manter um cliente ativo, como terá gerado novos clientes sem gastar um centavo!

Por isso, afirmei antes: "sim e não", depende do seu ponto de vista. Se você fez novos clientes sem investir de cinco a sete vezes mais, pode considerar que a afirmação de Kotler não é absoluta. Por outro lado, só o fez por meio da indicação de clientes já existentes (a base, lembra?). É, Kotler está certo novamente – ele sempre está!

Agora que já entendeu as motivações, que tal ir à prática?

Como fazer pós-venda?

Além de datas comemorativas (natal e ano novo), é interessante manter contato em datas importantes para o seu cliente: aniversário, promoção em um emprego, algo relevante sobre o andamento da obra, uma ligação inesperada pelo nascimento de um filho – essa última causa um impacto incrível, vá por mim!

Mas, Pierre, como controlar tudo isso? Em tempos que se fala tanto em robôs tomarem o seu emprego, serem seus rivais, tirá-lo do mercado, que tal esquecer esses bichos-papões que criaram na sua cabeça e utilizar tudo em benefício próprio? Automatize processos, não confie apenas na cabeça e no papel. Existem várias formas, por aqui utilizo a mais simples de todas: a lista de contatos do meu celular (que é integrada ao Google Contatos e fica tudo na nuvem, óbvio!).

Cada interessado em imóvel que se torna cliente vou lá e atualizo todas as datas que posso no contato dele dentro do meu celular: aniversário, casamento, data da assinatura do contrato, data da entrega das chaves – esse é um ótimo motivo para comemorar, não é mesmo? Lembre-se: tudo aquilo que é relevante para ele! Já parabenizei um cliente pelo seu aniversário de casamento e ele me disse: "Pierre, você salvou o meu dia! Tinha esquecido e não seria nada legal chegar em casa hoje!".

E como faço o contato? Depende da ocasião. *Apps* de mensagens (texto/voz, vídeo), *e-mail*, convite para jantar, o envio de um vinho para comemorar. Gosto muito de dois formatos: vídeo ou uma ligação inesperada!

Se atua com imóveis na planta, saiba que os seus clientes adoram receber fotos e vídeos com o andamento das obras. Em tempos de grupos de WhatsApp e Facebook, vídeos tornam-se virais, você acaba fazendo pós-venda até mesmo com proprietários que não compraram contigo! E isso é bom? É ótimo! Você se torna referência daquele empreendimento, as pessoas passam a indicá-lo sem sequer o conhecerem pessoalmente, porque preocupou-se genuinamente em entregar valor, inclusive àqueles que compraram com outros corretores e nunca mais receberam contato. O WhatsApp permite um contato imediato com o cliente. Dá para enviar fotos, vídeos, passar o seu sentimento e o cliente verá naquele momento!

As ferramentas o aproximam do seu público de uma maneira fantástica. Entretanto, é importante utilizar com prudência, para não ser considerado chato.

Pós-venda com corretores de imóveis

Penso que uma das melhores formas de se manter ativo e conhecido em nosso mercado é por meio das parcerias. Isso mesmo, tenho a visão do compartilhamento; quanto mais negócios, mais famílias felizes, mais corretores com grana no bolso, a economia gira e assim vai. Raciocine comigo: é melhor receber 50% de honorários - o famoso *fifty* – porque você realmente fez 50% do trabalho (cuidou da ponta compradora ou da ponta vendedora), ou "receber" 100% de nada, porque não conseguiu vender o imóvel? Não precisa responder, é uma retórica.

Então, vamos lá: feita a parceria, deu tudo certo, vendedores e compradores satisfeitos. Passou um ano, hora de relembrar aquela conquista – caso você tenha representado o comprador – ou relembrar o vendedor que um ano atrás ele confiou na sua *expertise* e você o apoiou de maneira indelével, não seria uma boa hora também de fazer contato com aquele corretor parceiro e agradecer a confiança? Estamos falando de negócios, quanto mais parceiros saudáveis tivermos ao nosso lado, maiores as probabilidades de novos negócios! O seu colega corretor de imóveis também pode ser visto como um cliente. Ele pode negociar com você mais de uma dezena de vezes!

"Pierre, é tão simples, como nunca pensei nisso antes?". Sem problema, comece agora! Ainda dá tempo. Pegue o seu histórico de vendas (você tem um, né?), veja as datas de assinaturas dos contratos e atualize sua base! É rápido, simples e eficiente!

Tenha o seu próprio desafio

Até poucos anos, corretores, imobiliárias e incorporadoras tinham seus clientes como certos, tudo o que lançavam vendia sem grandes esforços, o mercado estava superaquecido, a oferta de crédito era vasta. Atualmente vivemos um momento macroeconômico turbulento, bem diferente, os clientes pesquisam mais, têm acesso às informações, é comum chegarem com a decisão de compra tomada e precisam de um profissional consultivo para apoiá-los no processo.

É patente e cada vez mais necessário maior empenho para que se sintam satisfeitos, já que possuem um conhecimento amplo sobre todas as coisas. Kotler diz que "não é deixar os clientes satisfeitos; vários concorrentes podem fazer isso. O desafio é conquistar clientes fiéis".

Mais do que fiéis, queira uma legião de fãs. Minha visão é fazer clientes para toda a vida! Vou além, tenho meu próprio desafio e talvez você possa me cobrar dentro de alguns anos.

Sim, quero ser cobrado por isso! Em 2016, vendi um apartamento para uma cliente muito especial, a Luana. A família é composta pelos pais e quatro filhas, a mais nova acaba de completar dez anos. Agora, em 2019 vendi para a outra irmã, Bruna, tudo indica que negociaremos com a terceira irmã a médio prazo, mas meu grande desafio é negociar com a "pitoca". Essa é uma das minhas metas de longo prazo! Pretendo estar presente a ponto de ser lembrado no momento da compra do primeiro imóvel da Laurem.

De quebra, farei meu melhor para ser escolhido nos futuros investimentos imobiliários do Seu Claudir e da D. Janice que, diga-se de passagem, faz aniversário no mesmo dia em que eu. Dá-lhe D. Janice! Se conseguirei e se as circunstâncias permitirão, é uma história que, talvez, você leia no futuro, mas meus esforços serão nesse sentido! Quero ser o corretor da família e fazer clientes para toda a vida, lembra?

Registre momentos importantes

Muito falamos sobre fazer pós-venda. É sabido que o melhor comercial que pode existir é um cliente satisfeito falando bem a seu respeito. Que tal tornar isso público? Hoje, a *Internet* permite que o seu trabalho chegue a um número incontável de possíveis clientes. Utilize isso a seu favor, garanta que seus clientes possam avaliar positivamente o seu trabalho, gerem comentários sobre seus serviços e até gravem vídeos falando da experiência de compra contigo. Não sabe como fazer, nem por onde começar?

Acesse este *link*: bit.ly/pos-venda-agora

Lembre-se: Venda é relacionamento. Relacionamento é confiança! Se o seu cliente não pode confiar em você, de que adianta vender?

Um grande abr4ço!

Ps: Isso mesmo, abr4ço com "4", mas essa é uma história para outro capítulo...

Referências
CHRISTAKIS, Nicholas A.; FOWLER, James H. *Conectados*. Espanha: Taurus, 2010.
KOTLER, Philip; ARMSTRONG, Gary. *Princípios de marketing*. São Paulo: Atlas, 1999.
KOTLER, Philip. *Administração de marketing: análise, planejamento, implementação e controle*. São Paulo: Atlas, 1998.
PORTAL VGV. *Brasileiro troca de imóvel 1,8 vezes na vida.* Disponível em: <https://www.portalvgv.com.br/site/brasileiro-troca-de-imovel-18-vezes-na-vida/>. Acesso em: 20 de ago. de 2019.
VENDAMAIS. Curitiba: Quantum, nov, 2015.

Capítulo 16

Não venda somente imóveis, venda segurança

Reginaldo Pospi

Neste capítulo, quero mostrar a você um dos motivos e a ferramenta para fazer uma transação imobiliária com excelência e segurança. Não ter que investir em um advogado ou economizar em serviços jurídicos especializados ao ramo do direito imobiliário, muitas vezes, não é tão vantajoso quanto parece.

A chave da venda de imóveis

Reginaldo Pospi

Advogado graduado pela Universidade Metodista de São Paulo (UMESP), pós-graduando Lato Sensu de MBA em direito imobiliário pela Faculdade Legale, instituição de ensino superior, com cursos complementares em direito imobiliário pela Fundação Getulio Vargas (FGV); direito tributário e gestação e estratégia jurídica pela ESG Corp, entre outros. Curso técnico em transações imobiliárias – TTI – IBREP. Presidente da Comissão de Direito Imobiliário da 55ª Subseção da OAB/SP. Advogado integrante do Convênio Defensoria Pública do Estado de São Paulo/OAB-SP. Membro do Conselho do Municipal de Desenvolvimento e Planejamento Urbano e Rural da Cidade de Suzano/SP (COMDUR). Sócio-proprietário e advogado da Pospi Advocacia e Associados, *business partner and compliance* imobiliário e empresarial. Apaixonado por pessoas e por desenvolvimento pessoal.

Contatos
www.pospiadvocacia.adv.br
reginaldopospi@adv.oabsp.org.br
WhatsApp: (11) 99564-0084

A casa ou moradia é algo quase que essencial para a vida de qualquer pessoa. Adquirir um imóvel para morar é visto por muitos como a realização de um sonho. Adquirir um imóvel como uma forma de investimento também pode ser uma grande fonte de renda.

É certo que aqui você obterá vários *insights* de como realizar uma excelente venda. Tenho certeza de que, neste artigo, você encontrará as mais diversas técnicas, dicas e ferramentas para que possa ajudar ou levar as pessoas a realizar o sonho de adquirir a casa própria ou até mesmo aquele imóvel que um investidor tanto procura e que terá um belo lucro.

Não menos importante, aqui você também encontrará sérios e relevantes motivos para se ter uma assessoria jurídica ao seu negócio, para que você não venda apenas um imóvel, mas, sim, segurança ao seu cliente que lhe confiou o seu sonho ou investimento.

O sonho ou vontade de ter o próprio lar, seja para moradia ou investimento, é algo comum na consciência dos brasileiros. Quem nunca quis (ou quer) comprar um imóvel?

Em razão disso, várias pessoas, inclusive, assumem financiamentos ou obrigações financeiras que, muitas vezes, estão além do que é possível sustentar por um certo período, para realizar esse objetivo.

Diversas compras e vendas de imóveis são feitas por meio de financiamento bancário. O adquirente do imóvel aliena o bem fiduciariamente à instituição financeira, a qual, em garantia da dívida pela aquisição do imóvel, passa a ser a proprietária do imóvel até que o devedor pague o preço total ao credor. Destaca-se que essa propriedade é resolúvel, ou seja, pago o preço determinado no contrato, resolve-se a propriedade do credor financeiro, passando-a ao antigo devedor.

Há de considerar que, para uma grande parte da população adquirir um imóvel irá exigir um alto custo financeiro, além de outros riscos, até mesmo a perda da posse e futuro direito de propriedade do imóvel em razão de eventual inadimplemento contratual do financiamento bancário.

A compra de um imóvel é algo sério! É importante que a pessoa que está adquirindo a sua casa própria, ou está investindo alguns de seus recursos financeiros em imóveis como uma outra fonte de renda tenha a devida e a máxima segurança, para que esse sonho ou aspiração não se torne uma grande frustração e decepção, ou, quiçá, traga arrependimentos.

Você está 100% seguro de que a venda de um imóvel ou qualquer outra atividade do ramo imobiliário que desenvolve não acarretará prejuízo às partes envolvidas ou ao seu cliente? Há uma efetiva segurança jurídica no negócio?

Seus clientes podem deitar a cabeça no travesseiro e dormir tranquilamente, sem preocupação com o contrato que acabou de assinar com você ou com a sua imobiliária? Todas as precauções necessárias foram tomadas, a lei os protege?

O que você tem entregado aos seus clientes?

Quanto aos seus sonhos e investimentos, e se colocando na posição de cliente por um momento, você gostaria que algo que envolvesse um bem valioso seu fosse realizado de maneira correta e segura, de modo que isso não lhe trague frustrações? Você consegue oferecer ao seu cliente aquilo que gostaria de ter em um negócio?

Há muitos corretores e imobiliárias que não entendem ou percebem que não estão entregando um serviço que não traz nenhuma segurança jurídica aos seus clientes ou, às vezes, alguns profissionais do ramo imobiliário nem se preocupam em entregar um trabalho nessa qualidade. Acham que contratos encontrados em *sites* de buscas são suficientes para resguardar todos os direitos e deveres relacionados a uma transação imobiliária, e o pior, tornam esse instrumento um padrão aplicável a qualquer caso. Infelizmente, tratam com desrespeito os seus clientes, quando não dão todo o suporte jurídico necessário e personalizado. Alguns somente visam o dinheiro do final da transação.

Sei que, após a leitura deste texto, você sairá com a sua mente renovada e tratará os próximos negócios com a máxima excelência, para que se torne um profissional de sucesso.

Muitos não entendem que no ramo de vendas (em geral), o bom e completo atendimento aos clientes é a ferramenta de fidelização para que aquelas pessoas voltem e façam novos negócios ou transações, como compra e vendas de imóveis, locações, assessoria com documentação, entre outros serviços imobiliários.

Ganhar dinheiro é ótimo! Podemos resolver diversos problemas com ele, como pagar contas, comprar coisas, viajar, e uma série de outras coisas, inclusive, satisfazer-se com pequenos mimos. Contudo, não devemos colocar o dinheiro acima ou à frente de um atendimento de qualidade e segurança, afinal um atendimento com essas qualidades, com certeza, trará grandes retornos, inclusive financeiros.

Entregando um atendimento de excelência, o dinheiro se torna uma consequência ao seu negócio

Realizando um negócio que traga confiança ao cliente, a probabilidade de ele voltar ou indicar outras pessoas é alta. Diante dos grandes nomes e especialistas no ramo imobiliário, que aqui expuseram valiosas informações, tenho a certeza de que, por meio deste artigo, será possível adquirir excelentes ideias, *insights*, dicas e estratégias voltadas a vendas e outras ferramentas para o seu negócio.

Não podemos deixar de lado outros elementos necessários a um negócio de sucesso, como uma eficaz assessoria jurídica antes, durante e após o negócio que se realiza. O seu cliente terá a ciência de que fez algo seguro e, provavelmente, falará bem do seu empreendimento ou profissionalismo, tornando-o referência às outras pessoas.

Isso é importante para você?

O Estado, por meio de suas leis, dispõe de instrumentos legais que auxiliam, protegem e regulam os direitos e deveres daqueles que pretendem adquirir um imóvel de maneira lícita e segura. Por mais que não se possa alegar desconhecimento da lei, muitos brasileiros e outras pessoas que têm intenção de adquirir imóveis não sabem de todos os direitos e deveres que possuem nessas transações.

Muitas vezes, a pessoa que está do outro lado do negócio, ou seja, aquele que está vendendo o imóvel, também desconhece o ordenamento jurídico a respeito do ato que está praticando quando vende ou oferece um imóvel para outra pessoa.

Também é importante ressaltar que aqui não estamos lidando com uma simples compra e venda, estamos lidando com os sonhos ou investimentos das pessoas.

O ordenamento jurídico e a análise técnica especializada são ferramentas muito importantes para que o negócio se efetive com a segurança que se exige, devidamente respaldado nas legislações atuais e vigentes, de modo que as partes envolvidas no negócio sejam protegidas e não tenham nenhuma dúvida do que estão realizando.

A chave da venda de imóveis

Além de destruir um sonho, você pode causar um enorme prejuízo financeiro a quaisquer das partes, caso exista algum problema que não foi antevisto e tratado da maneira devida.

Grandes imobiliárias e renomados corretores e corretoras possuem um grupo de pessoas dedicado a atender às necessidades dos seus clientes, inclusive um advogado especializado no ramo do direito imobiliário, para tratar de questões mais complexas e legais em qualquer transação imobiliária, seja ela aquisição de propriedades, posse, registro, direito de vizinhança, usucapião, impostos sobre transmissão de bens entre vivos ou em razão de morte, condomínio, incorporações, entre outras situações jurídicas.

Renomados profissionais e imobiliárias do ramo seguem um padrão de excelência. Você acredita que deve fazer diferente? Ter um advogado ou um jurídico próprio gera mais autoridade e credibilidade a sua imobiliária ou a sua corretagem. Traduz uma mensagem de que os negócios feitos por você não serão abalados.

Somente um advogado bem preparado é capaz de analisar e resolver cada caso em sua peculiaridade, seja num contrato de compra e venda, num contrato de locação, ou em qualquer outro contrato ou negócio jurídico que necessite de sua validade ou eficácia entre partes.

Já verifiquei algumas imobiliárias e corretores que não contratam um advogado ou implementam um setor jurídico em seus estabelecimentos, por achar que isso traz um alto custo, e talvez até seja desnecessário para o tipo de público que atende. Mas isso é uma mentalidade que precisa ser desfeita.

Existem profissionais bem qualificados e especialistas em direito imobiliário que, dentro do que o código de ética profissional da classe permite, conseguem flexibilizar e atender a todo e qualquer corretor ou imobiliária, dentro de um preço justo com a entrega dos resultados desejados. De outro modo, todo e qualquer cliente, independentemente do seu potencial financeiro, deve ser tratado com todos os instrumentos válidos e necessários, inclusive o jurídico, sendo um dos meios de fidelizá-lo e manter a sua relação comercial com ele.

Além do mais, é importante lembrar do dito popular que diz: "tempo é dinheiro". Quanto tempo você tem perdido procurando sobre determinados assuntos jurídicos na *Internet*? Se aplicasse esse mesmo tempo em uma venda ou divulgação de seus negócios ou serviços, a probabilidade de ganhar dinheiro seria maior ou menor? Fechando um negócio a partir do tempo investido em divulgação, você conseguirá pagar um profissional jurídico especialista no mercado que prestará toda a assessoria necessária, sanará grande parte de suas dúvidas e ainda sobrará dinheiro.

As probabilidades de ter problemas com vendas ou compras de um imóvel, sem a assistência de um advogado especialista em direito imobiliário, são muitas.

O advogado especialista nessa robusta área do direito pode trazer segurança antes de iniciar qualquer negócio, passando pelo momento da escrituração da venda do imóvel e transmissão de propriedade e/ou posse, até o pós-venda.

Negócios de altos valores já foram interrompidos por serem verificadas irregularidades relacionadas aos proprietários do imóvel. Nesses casos, é aconselhável que se busque um novo imóvel, de outro proprietário. Não desanime e nem perca venda.

Já verifiquei casos de clientes que tiveram o seu negócio jurídico de compra e venda declarado nulo por um juiz de direito, haja vista que, no momento da celebração do contrato, não foram tomadas as precauções e providências necessárias para garantir que a parte compradora estivesse realizando uma compra que não fosse trazer problemas, como, por exemplo, a extração de certidões judiciais, consulta de dívidas públicas, entre outras coisas.

Além disso, não basta a simples consulta, pois é de rigor que se entenda tecnicamente quais são os riscos que podem ocorrer ou não, considerando o resultado das pesquisas e as ações judiciais ali apontadas. É necessário analisar cada processo de cada apontamento, em seus mínimos detalhes jurídicos, para que o cliente não sofra nenhum prejuízo em razão de uma venda mal assessorada e mal executada.

O *due diligence* é essencial para qualquer negócio!

Essa diligência prévia ou auditoria verifica, de maneira minuciosa, todo o processo e condições jurídicas do imóvel e de seu(s) proprietário(s) a fim de zelar e garantir que o comprador não seja surpreendido, depois de realizado o negócio e feita a compra do bem.

Não obstante, deve-se zelar pela elaboração do instrumento adequado e necessário para cada situação, como, por exemplo, saber quando se deverá utilizar uma promessa de compra e venda ou compromisso de compra e venda de um imóvel que, tecnicamente, possui finalidades distintas, ou quando poderá utilizar um contrato particular com efeitos de escritura pública, entre outras situações que podem trazer confusão ao negócio e até prejudicar seus clientes.

A chave da venda de imóveis

Preserve também os direitos da imobiliária ou da sua corretagem!

Algo muito importante e que traz muitas dúvidas aos corretores e às imobiliárias é o direito e proteção às suas comissões. Com uma assessoria jurídica especializada, não restarão mais dúvidas e o direito de se receber valores por um serviço de corretagem sempre será muito bem representado, ou até mesmo executado extrajudicialmente ou judicialmente com qualidade técnica.

Existem diversas situações em que a imobiliária responde por processos judiciais, sem mesmo ter culpa sobre o que está sendo levado a juízo. Algumas imobiliárias, corretores(as), construtoras ou incorporadoras são levadas ao polo passivo de ações judiciais em face de erros de terceiros. Caso não tenham um advogado que já conhece sobre o assunto e possa, com propriedade, representá-las, poderão responder solidariamente nos valores que, possivelmente, deverão ser pagos à parte lesada em caso de condenação pelo juízo.

Contratar um advogado imobiliário irá garantir que você não esteja apenas protegido, mas que entenda todos os detalhes do processo, seja comprando ou vendendo. E mais, você não venderá apenas imóveis, venderá segurança!

Sempre procure um advogado especialista em direito imobiliário, isso só tem a acrescentar mais crédito aos seus negócios e maior segurança a você e aos seus clientes.

Capítulo 17

Corretores do futuro

Remo Granata

Com o avanço acelerado das inovações tecnológicas nas diversas formas de prestar serviços, os intermediadores imobiliários precisam estar atentos às evoluções, para se reinventar com novas práticas, desenvolvendo habilidades, competências e estratégias capazes não apenas de assegurar a continuidade da profissão, mas de fato agregar real valor aos processos e facilitar a vida dos clientes, de um modo que máquinas e robôs jamais serão capazes de fazer.

A chave da venda de imóveis

Remo Granata

MBA em negócios imobiliários pela ESPM; especialização em gestão de organizações imobiliárias pela FGV; bacharelado em propaganda e *marketing* pela Unip; corretor de imóveis. Certificação em empreendedorismo pelo Empretec – Sebrae; formações em liderança e *coaching* pelo Instituto Napoleon Hill e pela Sociedade Brasileira de Coaching. Fundou e dirige o Grupo Remo Imóveis há mais de 20 anos, no interior de São Paulo, nas cidades de Vinhedo, Valinhos e região. Atualmente é diretor *master* franqueado regional da RE/MAX São Paulo, Grande Campinas, com 47 cidades e, no momento, 22 unidades franqueadas, com mais de 250 corretores. Também é diretor geral da RE/MAX REDE PRO, hoje com quatro unidades. É formador de novos franqueados e corretores na Universidade Corporativa RE/MAX Brasil, com mais de 2000 alunos certificados por ele.

Contatos
www.remogranata.com.br
remogranata@gmail.com
Instagram: remogranata

"**Q**uando crescer quero ser corretor de imóveis!"
Por que será que não ouvimos essa frase da boca das crianças? Com certeza é uma das evidências da imagem negativa que a profissão transmite às pessoas, por décadas em nosso país.

Alguns estudiosos afirmam que a profissão de corretor de imóveis irá desaparecer em um futuro não muito distante. Algumas *startups* estão tentando oferecer "serviços sem corretores", causando preocupações entre os profissionais do setor e reclamações junto ao CRECI e COFECI – órgãos regulamentadores da profissão.

Estamos vendo evolução em outras áreas, mas muito pouco na prestação dos serviços imobiliários. Será que evoluímos porque agora tiramos fotos e vídeos com celulares e trocamos os jornais impressos por anúncios nos *sites*, portais e usamos estratégias no Google? Basta atender melhor e mais rápido? Usar ferramentas de automação? Diferenciar no *marketing*? Será que existe uma forma de evoluir, ou mesmo revolucionar o mercado agregando real valor à profissão, ou será que precisaremos ter um "salvador da pátria" nesse mercado?

Vemos as empresas concorrendo pelos mesmos produtos e clientes em uma disputa acirrada por atenção. Poucos se ajudam como parceiros devido à grande desconfiança e falta de ética. A ruptura e o colapso da categoria parecem iminentes. Será que existe uma maneira de resgatar a credibilidade e gerar valor para garantir a continuidade da profissão de corretor de imóveis?

Sim, existe, pois o verdadeiro risco de "extinção" da profissão de corretor de imóveis não está relacionado aos avanços da tecnologia, mas, sim, à resistência do profissional às mudanças necessárias na forma como a intermediação imobiliária deve ser realmente prestada, contemplando as melhores práticas e utilizando a tecnologia como sua principal aliada, não inimiga.

Ao ver o meu negócio crescer e diminuir em várias ocasiões, compreendi que era necessário ir mais a fundo para resolver o problema. Permitam-me compartilhar parte da minha história e experiência.

A chave da venda de imóveis

Além de nunca ter dito que queria ser corretor de imóveis na infância, durante a juventude, tinha uma péssima impressão da profissão, talvez porque na esquina perto de casa eu testemunhava diariamente a ociosidade de alguns que ficavam sentados na mureta em frente à imobiliária, contando piadas, ou fumando com o jornal na mão.

Quando meus pais decidiram vender nossa casa, uma corretora levou um cliente, lembro-me de que minha mãe me fez arrumar o meu quarto com antecedência, para causar uma boa impressão. Mas a corretora nunca nos deu retorno sobre o que o cliente havia achado da casa – o que só reforçou a minha má impressão da classe.

Por ironia da vida, mudei-me para Vinhedo, São Paulo, em 1999, e fundei a minha imobiliária, aos 22 anos de idade, diante de uma oportunidade proporcionada por uma família de amigos que precisava de alguém para locar e administrar seus imóveis. Eu estava terminando meu curso de propaganda e *marketing*, e convenci o meu grupo da faculdade a usar "empresa imobiliária" como tema para o nosso trabalho de conclusão. Deu certo! O projeto era de uma imobiliária ideal.

Ao mesmo tempo em que concluía a faculdade, cheguei à meia dúzia de corretores na minha recém-inaugurada agência. Eu sempre buscava inovar, e fui aumentando a equipe gradativamente até que o desejo de crescer me levou a abrir duas filiais em cidades vizinhas. Menos de três anos depois, mesmo colocando todos os meus esforços e os de gerentes experientes à frente delas, as filiais não performavam, decidi fechá-las e voltar toda a minha atenção para a matriz em Vinhedo.

Em 2004, fui convidado a ir a uma palestra sobre redes imobiliárias, cujo conteúdo me fez não conseguir dormir à noite. Em alguns meses, convenci nove imobiliárias concorrentes a nos juntarmos como parceiros e fundarmos uma rede imobiliária na cidade de Vinhedo. Ao invés de trabalharmos os mesmos imóveis em uma concorrência desordenada, nos organizamos para trabalhar imóveis exclusivos, compartilhando negócios. Durou um ano.

Fui o primeiro e o único presidente dessa associação, precocemente encerrada. A maioria alegou que seus corretores não aceitavam a ideia de dividir comissões de forma igualitária. Fiquei muito frustrado, pois abri e compartilhei todas as minhas ferramentas e estratégias em benefício da rede que, ao final extinta, só acabou fortalecendo os meus concorrentes.

Seguimos em frente e, com muito empenho, reiniciamos um crescimento que me fez tentar uma filial na cidade vizinha, pela segunda vez. Mas, tomando vários cuidados que não tínhamos tomado da primeira vez, para garantir que não iríamos falhar. Mesmo assim, depois de dois anos, pela segunda vez, fechei a imobiliária naquela cidade. Mesmo que não fosse verdade, conseguia ver o semblante de deboche dos concorrentes.

Talvez eu merecesse pela insistência, quem sabe? Ou por sonhar demais e não ter competência suficiente. O fato é que essa experiência me deu maior maturidade para focar esforços, por mais alguns anos, na unidade matriz.

Em 2015, o desejo de crescer mais uma vez não me deixava em paz. Pensei que eu poderia me aventurar em ser uma rede com sócios, e por que não de franquias? Encomendei um estudo que apontou como positivo. Meu negócio era franqueável!

Mas, dessa vez, decidi fazer a "lição de casa", e pesquisei sobre as franquias já existentes no mercado. Ao conhecer a franquia imobiliária RE/MAX mais a fundo, fui tomado por um entusiasmo que, novamente, me impedia de dormir à noite. Vislumbrei um futuro promissor para esse modelo de negócio na nossa região, testado e aprovado em mais de 100 países, e investi para ser um *master* franqueado regional, além de converter a minha própria unidade.

Treinamentos constantes? Convenções? Mudar a forma de trabalho? Trabalhar menos imóveis com mais qualidade? Exclusividade? Dividir trabalho e comissões? Quase a metade da minha equipe achou melhor ir para outros escritórios ou abrir os seus próprios. Claro que fiquei preocupado, mas a resiliência e a confiança no modelo da franquia resultaram em triplicarmos o nosso número de agentes e triplicarmos o nosso faturamento em dois anos.

Quando decidi abrir novamente uma filial e tentar pela terceira vez na cidade de Valinhos, muitos não podiam acreditar. A diferença foi que, além de ter dado certo, estão sendo abertas atualmente mais duas filiais. Paralelamente, o projeto de *Master* Franqueado avançou. Ter quatro unidades próprias é empolgante, mas muito mais animador é ver a Regional ultrapassar 20 franquias que estão crescendo todas as semanas com recrutamento, capacitação e aperfeiçoamento profissional das suas equipes, seguindo a metodologia e o modelo de gestão que mais vende imóveis no planeta.

Uma rede global com mais de 8.230 agências e mais de 125.000 corretores de imóveis trabalhando com imóveis precificados, exclusivos e em rede. Era um sonho, agora é uma realidade!

A chave da venda de imóveis

Quando me perguntam onde iremos chegar, respondo prontamente: 3.000 corretores associados em aproximadamente 100 unidades franqueadas nas cidades que compõem a nossa Regional. Sem dúvida, uma rede forte e sustentável é o desejo de todo empreendedor e, no meu caso, o que me motiva fortemente é ver, em um futuro próximo, o mercado brasileiro de prestação de serviços imobiliários transformado.

Isso só será possível por meio de corretores de imóveis empreendedores comprometidos e devidamente capacitados para prestar serviços com excelência, como especialistas que realizam parcerias com seus "sócios de negócios".

Dessa forma, teremos um mercado crescente e sustentável, com cada um dos nossos corretores de imóveis, gerindo com excelência seus imóveis de forma exclusiva.

Afirmo e asseguro que teremos um futuro brilhante e duradouro no mercado imobiliário, se estivermos dispostos a realizar as mudanças necessárias. Alguns já estão trilhando esse novo caminho, agregando valores aos serviços prestados, transformando o mercado imobiliário e ouvindo dos seus filhos que, sim, serão agentes imobiliários quando crescerem!

O sonho de ver o mercado imobiliário se transformar já está acontecendo, e a cada dia será mais perceptível a todos. Então, qual será a solução? Captar mais? Anunciar mais? Atender mais rápido? Robotizar? Sistematizar? Uberizar? A solução é permitir que a tecnologia substitua tudo que é ordinário, para que nossos serviços se tornem extraordinários.

Ao mudar minha empresa, quando tinha mais de 16 anos e liderança local de mercado para fazer parte de uma rede internacional a fim de utilizar as melhores práticas globais, venci o meu ego para, de fato, conquistar meus objetivos. Os resultados são consequência direta da capacitação de pessoas e qualificação de processos. Não há atalhos.

O caminho para o futuro com corretores de imóveis exige uma transformação de mercado para que os profissionais sejam gestores especialistas capazes de agregar valor aos serviços com metodologia, máxima dedicação e excelência traduzida em resultado.

Nosso mercado pode se tornar sustentável, meritocrático e justo, com menos competição e mais colaboração, com profissionais executando as melhores práticas, gerindo imóveis exclusivos com a "inclusividade" ilimitada de parceiros.

Partilhar é necessário. Toda transação imobiliária é composta por duas partes e ambas precisam ser bem representadas. Os corretores que mais vendem no mundo fazem parcerias. Preferem várias metades do que poucos inteiros.

Não adianta utilizarmos centenas de estratégias, correndo atrás dos compradores, se não trabalhamos para tornar nossos produtos atrativos e seguros para os clientes e para nós. Corretores e imobiliárias não precisam concorrer se trabalharem produtos com excelência em exclusividade compartilhada. Acredito que em um futuro breve existirão dois tipos de profissionais no mercado: os gestores especialistas e os demonstradores de imóveis.

Os gestores imobiliários especialistas são os corretores do futuro que continuarão existindo e ganhando mercado. São os profissionais que não aceitam imóveis fora de preço de mercado, que não trabalham com especulações. Atuam para atingir os objetivos claros e alcançáveis dos clientes. São os profissionais que sabem transformar imóveis em ótimos produtos imobiliários sem ignorar nenhum detalhe a fim de estarem prontos para ser vendidos com segurança e agilidade.

Os clientes de fato só reconhecem e valorizam profissionais capazes de conectar soluções a objetivos e oferecer o seu conhecimento diferenciado por tudo aquilo que eles se prepararam para saber e conhecer por meio de estudo e preparação. E, quando uma rede de especialistas trabalha em conjunto, os resultados são imbatíveis!

Capítulo 18

Conexão

Renan Monteiro Costa

A conexão é a chave pra garantir que o objetivo tanto de seu cliente comprador ou vendedor seja atingido. Uma vez que isso não ocorra, você terá ou uma longa jornada de compra ou até mesmo ela nem aconteça! Por isso, a importância de saber como se conectar com essas pessoas.

A chave da venda de imóveis

Renan Monteiro Costa

Corretor de imóveis atuante desde 2009, Renan Costa é mais conhecido como especialista em vendas H2H de (humano para humano). Unindo a tecnologia para ampliar a experiência entre vendedor e comprador no mercado imobiliário, conectando-os com a verdade única que cada um possui em seu DNA. Facilitador direto de mais de 500 negócios com a imobiliária Renan Costa. Premiado como empresário destaque por anos consecutivos por sempre inovar com o a tecnologia sem abrir mão do atendimento humanizado.

Contatos
Instagram: @renancosta.1
LinkedIn: in/Renan Costa

Eu, sinceramente, acredito que você já entendeu o que uma venda significa, mas, se por um acaso ainda não sabe, a frase a seguir será a mais importante que deve conhecer na sua carreira como corretor de imóveis: "venda realizada significa confiança conquistada".

Uma venda bem feita só acontece quando o comprador realmente confia em você, e quanto maior o valor da compra, maior a confiança necessária.

Por exemplo, é necessária pouca confiança por parte de um comprador ao adquirir um pacotinho de doces, mas quando está adquirindo um imóvel, a confiança deve ser enorme.

Na minha carreira como corretor, entendi isso rapidamente, mas demorei um pouco para descobrir como conseguir gerar credibilidade e confiança, por isso, logo no início, as vendas andavam de mal a pior.

Mas, quando descobri o que deveria fazer, finalmente as coisas começaram a funcionar perfeitamente. Neste capítulo, vou compartilhar com você qual é a melhor forma de fazer o seu cliente confiar em si e, com isso, fechar excelentes negócios.

O segredo é a criação de uma conexão forte. Para criá-la, é preciso uma união entre duas partes. Até aí, nenhum segredo, mas a complexidade começa quando você se pergunta: "como eu faço isso?".

A primeira e mais importante ação para atingir esse objetivo é conhecer profundamente as pessoas com quem busca essa conexão. Entender seus valores, necessidades, desejos, a motivações, e mostrar que você faz parte disso.

Ao entender o propósito de uma pessoa, e mostrar que você é um agente facilitador desse propósito, fica mais fácil se tornar parte importante do caminho que essa pessoa pretende trilhar, e você estará conectado a ela.

Para um melhor entendimento, dividi as pessoas em três grupos que são comuns a todo corretor de imóveis, e você entenderá como se conectar a elas mais facilmente:

- Cliente comprador.
- Cliente vendedor.
- Outros corretores.

Criando conexão com o cliente comprador

Uma das perguntas mais comuns que um corretor de imóveis se faz é esta: "eu atendo o cliente, mostro diversos imóveis, ele fica interessado, e depois simplesmente não me atende mais. Após algum tempo, descubro que ele comprou com outro corretor".

O que eu fiz de errado?

Seu erro foi não ter criado uma conexão com o cliente e acreditado que apenas um bom atendimento e bons imóveis seriam suficientes para concretizar uma venda.

Lembre-se, você deve ser visto como uma solução para o problema do seu cliente, e não apenas como um apresentador de imóveis. As pessoas ao redor do mundo pagam verdadeiras fortunas para aqueles que resolvem seus problemas e vão valorizá-las para sempre, mas pagarão muito pouco para alguém que está apenas interessado em vender alguma coisa. Pode ter certeza, o cliente percebe rapidamente se você quer apenas vender ou vai resolver o problema dele.

Para que você descubra como solucionar o do seu cliente, precisará entender qual problema ele tem. Só se faz isso quando se aprende a fazer as perguntas certas, ouvir o que ele tem a dizer, descobrir e entender os motivos dele, e trabalhar seus pontos de afinidade.

Você conhecerá a motivação que levou um cliente a procurá-lo, e poderá encontrar a solução ideal. Após uma conexão estabelecida, compreenderá como ele deseja.

Para desenvolver essa habilidade, sugiro que você realize esse treinamento: quando for atender um cliente, preste muita atenção aos nomes das pessoas que ele citar, anote, se possível, se ele está lembrando de alguém, elas certamente têm importância para ele.

Faça perguntas pontuais de ponto de vista, assim conseguirá informações valiosas sobre os motivos de ele estar buscando um imóvel. Sempre se lembre, a compra de um imóvel nada mais é que a tentativa de alguém resolver um problema, se você entendê-lo, conseguirá dar um caminho perfeito para a solução, e uma conexão estará estabelecida.

Compreenda o seu cliente, descubra seus motivos e conseguirá entregar mais do que ele pediu. As mídias sociais podem ser muito úteis para fazer isso, portanto, após atendê-lo presencialmente, faça uma busca nas mídias sociais para ter um quadro ainda melhor de quem é seu cliente, seus desejos e anseios.

Criando conexão com o cliente vendedor

Nesse caso, as mesmas orientações anteriores se aplicam, no entanto, as perguntas certamente mudarão. Os questionamentos bem colocados serão essenciais para que você entenda o "grande porquê" do cliente vendedor. Basicamente, o "grande porquê" é descobrir os motivos que o levam a querer vender um imóvel. Podem ser muito mais profundos do que apenas precisar de dinheiro, mas aqui cabe uma orientação importantíssima.

Você não pode, em hipótese alguma, realizar um interrogatório com o seu cliente, isso o afastará. Para alcançar um excelente resultado no mercado imobiliário de "hoje", você, corretor de imóveis, deve fazer as perguntas, e não o contrário. São elas que servirão como um mapa para o caminho da dor que aquele cliente tem. Há coisas que um cliente, que você acabou de conhecer, não quer compartilhar, portanto use o bom senso.

Criando conexão com corretores

Alguém motivado e feliz produz muito e gera muito mais resultados, por isso, caso tenha corretores que trabalham com você, é essencial manter seus corretores como grandes colaboradores da sua empresa.

Existe um consenso entre os donos de grandes negócios: o de que sozinho você sempre terá resultados limitados, mas, se construir uma equipe de excelência, sua empresa pode dar um salto gigantesco no mercado.

No entanto, um dos principais problemas relatados por proprietários de imobiliárias é que não consegue criar uma equipe de corretores que funciona, que produz resultados e que contribui para o crescimento da empresa.

Na maioria das vezes, há uma grande rotatividade de corretores, a maior parte delas sem nenhum comprometimento.

Como resolver isso? Criando uma conexão com eles.

Agora, vou explicar como aplico uma estratégia que desenvolve meus colaboradores para se tornarem verdadeiros "leões" dentro da minha imobiliária.

A chave da venda de imóveis

Quais são seus motivos?
O que é motivação? É encontrar os motivos que conduzem alguém à ação. Cada pessoa no mundo tem motivos diferentes para realizar as mesmas coisas.

Qual o sonho dele?
Todos nós acreditamos que bons corretores são motivados apenas pelo dinheiro, mas será que isso é verdade? Obviamente que não. Pense na seguinte situação, se eu perguntasse o que é sucesso, qual seria a sua resposta?

A verdade é que cada pessoa dá uma resposta diferente a essa pergunta. Para alguns é muito dinheiro, para outros é passar tempo com a família, outros ainda se sentem pessoas de sucesso quando vencem obstáculos pessoais, limites antes intransponíveis.

Nossos diferentes pontos de vista sobre a mesma pergunta podem fazer com que não estejamos falando do mesmo assunto quando conversamos.

Você pode tentar convencer o seu corretor de que ele deve se comprometer com o trabalho para ganhar muito dinheiro, mas será que é esse tipo de sucesso que ele busca?

Recentemente, tive a oportunidade de conversar com um amigo meu sobre isso, e ele me apresentou algo que eu nunca tinha visto. Ele é conhecido por ser um grande líder inspirador de sua equipe comercial. Quando corretor, ganhou vários prêmios como melhor e, por fim, foi convidado para criar uma equipe para uma *house*, após assumir a direção de um time bastante limitado. Conseguiu, em menos de dois anos, transformá-la no melhor grupo de vendas que a empresa já teve.

Com isso, todo o setor comercial implementou e desenvolveu uma metodologia de treinamento para os funcionários, até a parte administrativa foi impactada pela metodologia. Os resultados foram absurdamente surpreendentes, enquanto o mercado estava passando por uma severa crise, eles estavam crescendo mais de 70% por ano.

Ele me explicou a metodologia e falou sobre o mentor que a desenvolveu para motivar sua equipe e levá-la ao topo de vendas. Vou compartilhar aqui o passo a passo aplicado:

1. Faça uma ficha de cada um dos seus colaboradores com as cinco características essenciais para serem poderosos vendedores, tome nota do que cada um merece.

2. Realize entrevistas individuais com cada membro da equipe para descobrir o que mais mexe com o seu estado emocional. Você irá se surpreender com o que vai descobrir por procurar ver o que não vê no dia a dia.
3. Treine, treine, treine o seu colaborador nos seus pontos mais fracos, de forma individual.
4. Dê a ele responsabilidades pequenas, fáceis de atingir, e comemore quando ele realizá-las.
5. Aumente progressivamente para coisas mais complexas e difíceis, sempre lembrando que ele já cumpriu com outras responsabilidades de maneira exemplar, por isso se tornou uma pessoa ainda mais confiável.
6. Lembre-o sempre do que o motiva, para que ele o cumpra com zelo. No caso do colaborador citado no ponto dois, a cada vez que ele se saía bem o diretor da equipe ligava para o pai dele elogiando-o pelo excelente filho.

Esse processo é extraordinário para criar conexões de interesse e confiança com sua equipe, e produzirá colaboradores eficazes, motivados, altamente envolvidos com você, com a empresa, e muito lucro.

O que uma conexão pode fazer

Recentemente, uma pesquisa encomendada por uma gigante do mercado varejista apontou que quando um cliente é direcionado por meio de uma indicação para um produto ou serviço, as chances de adquiri-lo aumentam em 87%. Sabe o que isso significa?

Quando você estabelece uma conexão e causa uma ótima experiência, todos os envolvidos na jornada de compra e venda irão ficar mais do que felizes, se tornarão embaixadores do seu negócio.

Somente esse fato já é motivo mais do que suficiente para que você faça o melhor atendimento possível. Entenda que o seu trabalho fará a diferença na vida de alguém; esteja realmente comprometido em resolver problemas e não só tentar vender um produto.

As ferramentas para conexão

Escolhi ser caloroso por onde quer que passasse, sempre com o melhor sorriso, pois isso sempre me abriu portas e me permitiu estar com as melhores pessoas.

A chave da venda de imóveis

Também conto com uma ótima energia positiva e muita alegria, pois, sem ela, confesso que jamais estaria aqui contando tudo isso a vocês!

Essa atitude de escolher estar bem me protegeu de mim quando passei por períodos sem efetivar vendas, quando tudo que fazia não dava certo. Em algum momento, passamos por situações que nos fazem provar se é amor mesmo que sentimos por nossa profissão, e sem uma atitude positiva, com certeza não estaria em um negócio de pessoas.

Criar uma conexão está em observar os detalhes mais simples, como gostar de uma bebida, de um lugar, de uma música, da pronúncia de seu nome.

Envolve enxergar a outra pessoa como o seu próximo e não apenas como mais um cliente ou colaborador, fazê-lo sentir-se único, mostrar a importância que ele tem e ser um agente para ele ter ou cumprir o seu propósito. Lembre-se de que uma verdadeira conexão só é boa quando todos são beneficiados.

Capítulo 19

Funil de vendas: transformando leads em vendas no mercado imobiliário

Ricardo Cubas

Você faz muitas ações de *marketing* e não gera *leads*? Ou até gera muitos *leads*, mas não consegue converter em vendas? Quer descobrir como ganhar dinheiro no mercado imobiliário? Eu o convido para ler este capítulo e colocar em prática as orientações propostas aqui.

Ricardo Cubas

Formado em administração de empresas pela FAE Business School – Curitiba – PR; especializou-se em *marketing* e vendas. É corretor de imóveis, especialista em mercado imobiliário, amante das artes marciais e estrategista de *marketing* digital.

Contatos
ricardocubascorretor@gmail.com
ricardocubas@live.com
LinkedIn: Ricardo Cubas
Instagram: ricardocubascorretor
Facebook: Ricardo Cubas Marketing Digital
WhatsApp: (47) 99770-2500

O funil de vendas é formado por um conjunto de etapas e gatilhos cujo objetivo é dar suporte à jornada de compra das *personas* de uma imobiliária ou de um corretor de imóveis, gerar previsibilidade do seu processo e mais eficiência na aquisição de clientes. Já posso adiantar aqui algumas premissas básicas sem as quais esse modelo, aplicado ao mercado imobiliário, não irá funcionar.

O corretor de imóveis tem que gostar do que faz e ter, em seu íntimo, a real e mais sincera vontade de ajudar pessoas. Faça o bem que coisas incríveis acontecerão para você. Segundo, tente se desapegar do que sempre funcionou. O que o trouxe até aqui não é o que vai levá-lo ao próximo nível. E, por fim, tenha em mente que o sucesso tem um preço. Você está disposto a pagar? Basicamente, queremos resolver dois grandes gargalos, ou problemas, com este modelo: a geração de demanda e a conversão de *leads* em vendas.

O primeiro passo para a criação do seu funil de vendas é desenhar o seu processo de vendas e definir a jornada de compra do seu cliente. É necessário personalizar e segmentar as estratégias, alcançando as pessoas certas, no momento certo. Estudar o público-alvo e a sua *persona* é fundamental para o desenho do seu funil no mercado imobiliário. São os problemas que vamos resolver que definem a *persona*. É com base nessas informações que teremos muito mais *insights* para conteúdos relevantes destinados a esse público. Essa segmentação definirá a linguagem, o formato e a abordagem da campanha que trará mais impacto para o nosso cliente.

As chances de sucesso aumentam, exponencialmente, quando o trabalho de pesquisa foca na segmentação. A jornada de compra são os passos que o cliente percorre até a aquisição do seu imóvel. Entendê-la é decisivo para a compreensão do conceito de funil de vendas no mercado imobiliário, permite planejar todas as etapas e desenhar o seu processo de venda.

O funil de vendas no mercado imobiliário

Dois conceitos básicos e necessários são esquecidos pela esmagadora maioria dos profissionais de vendas e *marketing* do mercado imobiliário, que fazem o seu funil de vendas funcionar. Não basta termos um *lead* com interesse e condição financeira, precisamos também de estoque adequado e corretores preparados e disponíveis para efetuar o atendimento. O próprio processo de criação do seu funil melhora o entendimento sobre a jornada de compra do cliente e sinaliza quais ações a sua imobiliária pode realizar para otimizar as vendas. São quatro pilares que vão garantir as taxas de conversão do seu funil: estoque adequado, corretores capacitados, *leads* com interesse e capacidade financeira.

O funil de vendas, no mercado imobiliário, pode ser dividido em três partes: *marketing*, relacionamento, e a venda propriamente dita. O *marketing* é o responsável pelo tráfego e pela geração de *leads*. A ferramenta que indico para o gerenciamento de *marketing* é o RD Station. É uma ferramenta cara, porém com uma infinidade de recursos que poderão tornar a sua imobiliária uma verdadeira máquina de gerar *leads*.

Se o uso de uma ferramenta de gerenciamento de *marketing* é mais indicado para imobiliárias, e um opcional para o corretor de imóveis, o uso de um CRM é obrigatório. Não existe a menor possibilidade de se trabalhar com funil de vendas sem o uso de um bom CRM. Em minha experiência no mercado imobiliário do primeiro imóvel, vejo que a compra ocorre entre o sexto e oitavo contato do *lead* com a imobiliária. A sua jornada de compra, desde o primeiro contato até a assinatura do contrato, leva em média oito meses.

Visitantes

Esse é o primeiro estágio do funil, representado por um grupo de pessoas muito heterogêneo que acessa o seu *site*, *blog* ou página do Facebook. Composto por curiosos, pessoas que estão começando a busca por um imóvel, aqueles que já têm bem definido o que querem, e até alguns *haters*. Essas pessoas chegam até essa etapa por diversos caminhos, que são chamados, no *marketing* digital, de fontes de tráfego. Anúncios patrocinados no Google, Facebook Ads, Instagram Ads, busca orgânica e *links* externos são apenas alguns exemplos.

O objetivo é impactá-los com uma imagem, vídeo ou texto para chamar sua atenção e fazer o seu futuro *lead* clicar em um *link*. Quando o visitante clica no *link*, é levado a uma *landing page* ou página de captura. O objetivo é fazê-lo preencher um formulário com os seus dados, em troca de alguma oferta ou benefício. O caso em que estamos estudando o melhor benefício que podemos oferecer é uma simulação de financiamento que será entregue junto a uma consultoria de como conseguir realizar o sonho da casa própria.

Dica matadora – coloque uma chamada para ação (CTA) em todas as suas publicações.

Leads

Ao fornecer dados, como nome, *e-mail* e telefone, o visitante torna-se um *lead* e avança no funil de vendas. *Leads* são potenciais clientes que demonstraram interesse em comprar um imóvel ou entender como funciona o financiamento habitacional. Após a conversão, devemos iniciar um relacionamento com esses *leads*. O objetivo é fazer com que eles avancem na jornada de compra e amadureçam para estar mais preparados para a compra.

Nessa etapa, devemos oferecer um conteúdo rico e que leve valor a quem está procurando um imóvel. A qualificação dos *leads* deve ser feita segmentando-os de acordo com o seu perfil financeiro e interesse para determinar se são uma oportunidade ou não. O pensamento dominante no *marketing* digital diz que, em formulários de topo de funil, devemos oferecer conteúdos mais genéricos e formulários com poucos campos, mas eu discordo. O mercado imobiliário possui uma característica muito própria, praticamente todos que não têm a casa própria querem realizar esse sonho.

Não precisamos nos esforçar muito para criar essa necessidade em nosso público, mas é fundamental que conheçamos a capacidade financeira da pessoa antes de iniciar o processo de vendas. É a capacidade financeira que vai determinar o tipo de produto a ser ofertado. Por mais que alguém queira determinado imóvel, sem que haja recursos disponíveis, sejam próprios ou por meio de financiamento, esse sonho não vai se realizar.

Portanto, devemos trabalhar no topo do funil com formulários e uma quantidade maior de campos que nos possibilitem ter uma ideia clara da realidade social e econômica do nosso público. Informações como nome completo, estado civil, data de nascimento, telefone, *e-mail*, cidade, bairro onde mora, local de trabalho, renda bruta, saldo de FGTS são condições absolutamente necessárias para se iniciar um atendimento.

Dica matadora – nessa etapa, o corretor não deve se preocupar em vender, apenas em ajudar e orientar.

Nem todos os visitantes que clicarem nos seus *links* se tornarão *leads*, porque apenas um percentual deles irá preencher o formulário, o que é absolutamente normal. Uma taxa de conversão de *landing page* de 20% é excepcional, e abaixo de 10% é inaceitável. Seu *site*, *blog* e suas *landing pages* devem ter tráfego e, para isso, nada melhor do que a mídia paga, como comentei anteriormente.

Anúncios no Google e Facebook Ads são as opções mais usadas, e você deve investir no que faz sentido ao seu negócio, assim conseguirá resultados instantâneos se tiver um orçamento para alocar nessas mídias. Mas, não se esqueça, é muito importante medir os resultados e acompanhar o retorno dos seus investimentos em mídia paga.

Dica matadora – a única preocupação do corretor deve ser levar o *lead* à próxima etapa do seu funil de vendas.

Ao receber o *lead*, o primeiro passo deve ser verificar qual a sua origem e por qual mídia ele foi impactado. Esse cuidado vai ajudar o corretor a entender as expectativas do seu futuro cliente. Aconselho a tentar o primeiro contato por telefone, e somente depois fazer uma breve apresentação por WhatsApp. No mínimo quatro tentativas de contato devem ser feitas antes de descartar um *lead*.

Antes de "dar um perdido" em um *lead*, por falta de retorno, sempre envie uma mensagem de *breakoff*, que seria a última tentativa. Fique atento também durante a entrevista, porque o cliente mente, por insegurança, ou simplesmente para descartá-lo com mais facilidade.

Dica matadora – prepare *scripts* de mensagens e teste para avaliar os resultados.

Verifique o histórico da jornada de compra do *lead*, assim como o de conversas, simulações e visitas. Todas as atividades, conversas, documentos e dados do *lead* devem ser registradas na ferramenta. Não deixe de anotar as informações relativas ao perfil social, bem como os dados da simulação de financiamento. Aproveite e agende sempre as próximas ações que você fará com o seu *lead*. O objetivo é gerenciar o seu tempo da melhor forma, para atender o maior número de clientes possível, de maneira assertiva, e conseguir a melhor taxa de conversão em vendas.

Dica matadora – use técnicas de *rapport* já no primeiro contato.

Oportunidades

Feita a entrevista, passamos para a qualificação do *lead*. Para determinar se um *lead* no mercado imobiliário é uma oportunidade ou não, devemos analisar duas situações. Primeiro, se ele tem interesse (que foi determinado pelo preenchimento de um formulário), porque, e muito provavelmente, apenas quem tem real interesse investiria o seu tempo para preencher um formulário com informações extremamente sensíveis, como renda e saldo de FGTS. E, segundo, se ele tem condições financeiras para o comprar o imóvel desejado.

Devemos lembrar que 70% do mercado imobiliário brasileiro é dependente do financiamento habitacional. No primeiro imóvel, para 98% dos *leads*, a condição financeira é determinada pelo financiamento. Nesse caso, o grande gargalo é o valor necessário para a entrada. O corretor de imóveis (ou equipe de pré-atendimento) deve examinar se esse *lead* tem possibilidades de comprar o seu imóvel no momento. Se julgar que sim, o *lead* é marcado como oportunidade e levado à próxima etapa.

Aqueles *leads* marcados pelo corretor, como uma oportunidade, devem receber toda a atenção necessária. E, a partir desse ponto, o objetivo é trazer o *lead* para uma visita ao plantão ou ao imóvel. Nem todos nessa etapa estarão prontos para comprar. Esteja preparado para descartar alguns deles.

Dica matadora - venda você antes de vender o seu produto.

Para aqueles *leads* que são uma oportunidade, apresente a simulação de financiamento somente presencialmente. Se o cliente não quiser marcar ou não tiver tempo, talvez o seu interesse não seja genuíno. Sentir a reação do cliente na sua frente e já tirar as dúvidas no momento pode ser um importante diferencial. É na fase da visita que o relacionamento entre corretor e cliente começa a se estreitar.

Nessa etapa, mais do que apresentar um imóvel ou as características de um lançamento, o objetivo é criar uma relação de confiança entre o você e o seu cliente. Explique como funciona o financiamento habitacional e trabalhe para que seja visto com uma referência no mercado, e alguém que realmente pode ajudá-lo. Mostre que é parceiro dele e está ao seu lado na busca pelo primeiro imóvel. Não apresente mais do que três imóveis em um mesmo dia. Se a entrevista foi bem feita, você entenderá as necessidades e desejos de seu cliente, bem como sua capacidade financeira, e será mais assertivo na apresentação das opções disponíveis para ele.

Dica matadora – use a técnica do contraste e apresente a pior opção primeiro, essa será a referência criada na mente do seu cliente.

A chave da venda de imóveis

Venda

Quem deve conduzir a negociação é o corretor de imóveis. Se o imóvel apresentado atender às expectativas do cliente e encaixar nas condições financeiras, solicite a proposta para reservar a unidade e a documentação para o financiamento. A aprovação de crédito deve ser feita em seguida, antes da confecção do contrato de compra e venda. O funil de vendas fecha quando, após a visita e a proposta, o acordo é assinado entre comprador e construtora. Essa transição é um sinal de que, ao longo da jornada, foram entendidas as principais "dores" do *lead* e a solução apresentada estava alinhada às suas expectativas.

Devemos estar sempre monitorando e revisando o nosso funil, para que ele seja o mais eficaz possível na conversão de *leads* em vendas. No início deste capítulo, comentei que o corretor de imóveis deve gostar de ajudar as pessoas, caso contrário, esse modelo estratégico não irá funcionar. Isso acontece porque a maioria dos *leads* gerados no topo do funil não se converterão em venda.

A taxa de conversão que tenho observado no mercado do primeiro imóvel, notadamente no Minha Casa, Minha Vida, é de, em média, 3%. Isso significa que, para cada 100 atendimentos, apenas três gerarão comissão para o corretor. Isso também significa que a cada não que você recebe ou a cada *lead* que descarta, estará mais perto da sua venda. Devemos estar sempre monitorando e revisando nosso funil, para que ele seja o mais eficaz possível na conversão de *leads* em vendas. Por fim, lembre-se de que todo *lead* que não converteu voltará um dia ao seu funil, na forma de uma nova conversão. Mesmo aqueles que não conseguirem reunir as condições necessárias para a compra de um imóvel poderão indicar os seus serviços. Faça o bem, ajude as pessoas, ganhe dinheiro e aproveite a vida com intensidade!

Dica matadora – Defina suas metas de vendas, metas de visitas e metas de atendimentos usando as suas taxas de conversão.

Capítulo 20

Corretagem de imóvel: minha melhor versão ou minha missão?

Suely Almeida

Inúmeras ideias passaram pela minha cabeça sobre qual profissão seguir, tantos sonhos, anseios, planejamentos, até chegar a minha maior paixão...

Suely Almeida

Professional, life, executive & leader coach PNL. *Smart, self coach; assessment* DISC – Sempre Avante Coaching Life & Executive. Bacharel em ADM – Universidade Salvador (UNIFACS). Proprietária de imobiliária, incentivadora motivacional.

Contatos
www.suelyalmeidaimoveis.com.br
suely@suelyalmeidaimoveis.com.br
Instagram: suelyalmeidaimoveis
(75) 99168-3147

Suely Almeida

Nascida na área rural de uma pequena e distante cidade do interior da Bahia, sempre tranquila, adaptei-me ao campo. Gostava das plantas e da natureza, porém a mente viajava. Mesmo sem os recursos da globalização, ainda muito pequena, já sabia da existência de um universo gigantesco, e me transportava a diversos lugares.

Imaginava viagens, uma vida agitada, com trabalho, estudo, viagens, amigos e festas. Lembro-me bem de cada detalhe construído do que eu queria ser. Sonhava em ser artista, dançarina, conversava com as plantas e fazia amizade com muita facilidade. Aos dezoito anos, parti para a cidade de São Paulo em busca de um nível superior e um trabalho "digno".

Em 1994, cheguei à grande metrópole paulista, terminei o ensino médio e trabalhei como promotora/demonstradora de produtos em supermercado. Quando pensei em entrar em uma faculdade, resolvi casar e adiei os estudos para construir minha família, porém eu sabia que era só um tempo que estava parando meus projetos de formação acadêmica. Sempre sonhadora, nunca pensei em desistir e, sim, adiar.

Para minha surpresa, regressamos à Bahia em 2003, e o sonho que tinha construído de morar em São Paulo para fazer a faculdade foi frustrado – pela primeira vez havia me decepcionado – mas não desisti de encontrar minha essência.

De volta à Bahia, matriculei-me na universidade e ingressei no curso de administração de empresas, para ajudar meu esposo na empresa em que acabara de abrir. Passados 18 anos trabalhando na área de finanças, onde me especializei, comecei a entender que era o momento de fazer a minha carreira (construída com muito esforço), ter o verdadeiro sentido que eu buscava como realização profissional. Comecei a tentar emprego fora da empresa da qual eu era sócia/faz tudo na administração financeira.

Nesse período, em paralelo, trabalhava como voluntária em uma instituição religiosa, conduzindo estudos bíblicos uma vez por semana, trabalhando com mulheres, e me identifiquei muito; foi onde tudo começou! Uma das participantes me convidou

A chave da venda de imóveis

para trabalhar na sua imobiliária que acabara de abrir, pois tinha poucos corretores com ela.

Que desafio foi esse?

Empresária já conceituada só tinha experiência em finanças e contabilidade, nunca havia nem pensado na área comercial, foi um desafio aceitar uma oferta de "emprego" para ser corretora de imóveis, 100% comercial, em uma imobiliária que estava precisando de pessoas com experiência. A minha primeira resposta foi: "eu não sei vender nada, sou boa com números... Se eu for vender água no deserto, provavelmente o estoque fique armazenado". Fui criada em uma cultura que, de alguma forma, tínhamos vergonha de vender algo.

Quanta quebra de paradigmas ocorreu desse dia em diante. Após muita insistência da proprietária da imobiliária – três meses me convencendo de que eu era uma excelente comunicadora, líder e dinâmica – aceitei a proposta de ser corretora.

No primeiro dia, comecei buscando informações nos *sites*, vídeos de como atender, vender, como funciona um financiamento. Como não tive treinamento, fui buscar todo tipo de informação que poderia me ajudar. Sabe o que aconteceu? Eu me apaixonei por esse negócio de mostrar imóvel, olhar para um cliente satisfeito com o que acabara de comprar ou alugar. Para mim, não tem preço. Continuei e hoje tenho a minha própria imobiliária com equipe formada.

Os treinamentos são feitos por mim, focados no atendimento a pessoas e nunca em vendas, porque acredito que a venda acontece quando você atende a necessidade do seu cliente. A melhor maneira de atender essa necessidade é ouvindo e compreendendo. Quando achamos a dor do outro, conseguimos identificar o imóvel ou produto perfeito para nosso cliente.

Tudo parte de nossa dedicação à profissão, fazer o seu trabalho com amor e orgulho é o segredo do sucesso! Ser corretora de imóveis não difere de nenhuma outra profissão, precisa de muito conhecimento, dedicação, respeito e, acima de tudo, foco.

Mas, o que seria o foco? Realização profissional? Ganhar dinheiro? Ter reconhecimento? Descobrir o que o motiva fará toda a diferença no seu sucesso. Para mim, ser corretora de imóvel é ter foco 100% em atender a necessidade do meu cliente. Levar o imóvel certo para a pessoa certa é o meu maior desafio. Dedico-me muito a entender para atender, descobrir o que realmente o cliente busca é o pulo do gato para encurtar o caminho e ter o outro satisfeito. A minha dedicação em busca de conhecimentos nessa área é constante.

Suely Almeida

O meu atendimento é pautado na necessidade do meu cliente, para isso, é necessário desenvolver várias ferramentas a fim de me ajudar no reconhecimento da real necessidade. Tenho vários cursos na área, participo de muitas palestras que ensinam como desenvolver essas habilidades, existem muitos conteúdos sobre o assunto.

Há um outro tema que é de muita relevância e precisa andar em conjunto com todas essas habilidades, estou falando da ética. Abordarei alguns temas importantes daqui para frente.

O Código Civil Lei 10.406, cap. 13, art. 723, parágrafo único: sob pena de responder por perdas e danos, o corretor prestará ao cliente todos os esclarecimentos acerca da segurança ou risco do negócio, das alterações de valores e de outros fatores que possam influir nos resultados da incumbência.

O Código de Ética do corretor de Imóveis, aprovado pelo Conselho Federal de Corretores de imóveis – COFECI, em 1992, é de conhecimento obrigatório dos profissionais de corretagem imobiliária. Se nos primeiros tempos da profissão não havia legislação específica a ela, hoje existem leis e um código de conduta que a regulamenta. Como essas diretrizes definem o exercício das atividades do corretor, conhecê-las é fundamental. Entre elas destaco o art. 4°: Relação entre corretor e cliente.

De acordo com esse artigo, o corretor de imóveis fica obrigado a ter pleno conhecimento das circunstâncias dos negócios que está intermediando. Assim, jamais pode esconder do cliente detalhes de uma transação imobiliária. Obriga o corretor, ainda, a informar o seu cliente sobre riscos e outras situações que possam comprometer uma negociação.

Também ressalta que o corretor deve se recusar a participar de toda e qualquer negociação que envolva ilegalidade, injustiça, ou se preste à finalidade imoral.

Discorre sobre outros aspectos da relação corretor/cliente, como a questão do recebimento da comissão. Pelo código, o corretor só pode ser remunerado por uma das partes de um negócio — com exceção dos casos em que há pleno acordo entre todas as partes.

Procedimentos com documentos são tratados nesse artigo, bem como a questão da decisão de uma transação ser um direito do cliente. Partindo do ser ético no atendimento surge a conversão do negócio. O diferencial de um corretor estará sempre no atendimento humanizado e no conhecimento sobre o assunto, entender que o cliente é o nosso maior patrimônio é fundamental!

Respeitar, cuidar, conduzir até o final resultará em pessoas satisfeitas e, com isso, haverá um grande retorno. Você será sempre

A chave da venda de imóveis

lembrado, e o cliente o indicará para sua rede de relacionamentos, sem contar com a oportunidade de novas amizades. Eu moro em uma cidade considerada interiorana, com menos de um milhão de habitantes, estou sempre encontrando os meus clientes e sendo também indicada para outros.

Essa foi a minha história com a corretagem de imóveis e o encontro comigo. A minha missão é levar o imóvel certo para cada cliente! Você tem uma missão?

Capítulo 21

Vivências no mercado de alto padrão e lições de uma atuação arrojada

Thiago Granato

Temos, no mercado de alto padrão, estigmas e dinâmicas que fogem do tradicional. Trago aos leitores um pouco de aprendizado, em lidar com um público peculiar, visando ajudar profissionais a serem arrojados e confiantes em seus atendimentos.

Thiago Granato

Formado em Comunicação Social – Relações Públicas pela FAAP/SP. Ampla experiência no setor de eventos e entretenimento musical. Atuação como sócio em uma agência de artistas e responsável por inúmeras *tournées* internacionais no Brasil e Europa (residência por dois anos). Ingressou no mercado imobiliário em 2014, quando fundou a imobiliária 4House e, desde então, tornou-se um apaixonado pelo setor. Participação em diversas formações do mercado no Brasil e nos Estados Unidos.

Contatos
www.4house.com.br
thiagogranato@gmail.com
Instagram: @thiago.granato
(11) 98387-9633

Thiago Granato

Fiquei lisonjeado em ser convidado para escrever este artigo, aprecio a oportunidade em transmitir e compartilhar algo que sou tão apaixonado em realizar.
    Atuar no segmento de alto padrão exige uma *performance* que foge à realidade do mercado comum. Aprender a lidar com níveis de exigências extremos, egos e pessoas excêntricas é um diferencial que emerge a um perfil desafiador.
    Quando iniciei minha carreira, não tinha experiência alguma em mercado imobiliário, porém tinha vontade, entusiasmo e, principalmente, domínio da comunicação para vender e promover.
    Meu primeiro desafio foi um imóvel familiar, e como planejamento, realizei fotos, um videoclipe, divulgação e promoção. O resultado foi surpreendente, em pouco tempo consegui concretizar o negócio. Foi muito gratificante ver meu cliente com sorriso no rosto e feliz.
    À época, encontrava-me em um período crítico financeiramente e precisava ter rápido um plano de ação. Assim, decidi encarar o desafio, passar por cima de limites e ter a própria agência imobiliária.
    Iniciei na minha própria residência a 4House, por meio de um *site*. Desenhei todas as seções e estratégias a serem adotadas, pois sabia que seria a minha vitrine frente ao público-alvo (precisava ser impecável). Visitei os *sites* das principais imobiliárias de São Paulo, e do exterior, sempre focando nas melhores referências.
    Após o processo de organização e estrutura, minhas primeiras captações foram com pessoas do meu círculo social. Consegui captar uma linda cobertura e, assim, foram surgindo outros imóveis. Montei uma vitrine de bons imóveis. A partir daquele momento, a 4House existia virtualmente.
    Com fome de conhecimento e engajamento, busquei todas as fontes de informações possíveis: programas na TV sobre corretagem (nada melhor do que aprender com os americanos), realizar registros e dicas para aplicar na minha rotina diária.
    Como fã de um programa chamado Vende-se NY (Discovery World), achava fantástica a rotina das imobiliárias em NY (mercado imobiliário mais rico e dinâmico do mundo) e, de certa forma, similar ao de São Paulo.

A chave da venda de imóveis

Um certo dia resolvi ousar e fazer contato com os gestores dessas imobiliárias americanas, mandar um portfólio e oferecer um contrato de parceria. Para a minha surpresa, a Michele Kleier, que era uma das protagonistas do programa de TV, retornou o contato aceitando realizar a parceria.

A partir daquele dia visualizei que o céu era o limite e tudo seria possível nessa profissão global. Havia firmado minha primeira parceria internacional com apenas alguns meses de empresa. Muito radiante com o ocorrido, a partir daquele momento poderia divulgar os imóveis de NY, além disso, acrescentar em meu currículo que era parceiro da The Kleier, estrelas da TV americana.

Em minha experiência no ramo de mercado imobiliário de alto padrão, visualizo cada vez mais a importância da empatia e acolhimento, ou seja, ter um canal de conexão com o cliente, e uma forma de reconhecer, compreender e reproduzir emoções, como se fossem suas.

Essas habilidades facilitam o entendimento e compreensão da real necessidade do cliente, deixando-o mais seguro e tornando o processo mais leve e motivador.

Costumo dizer que, para se tornar um profissional nesse segmento de luxo, devemos ser arrojados e estar engajados com nossas metas e propósitos.

Posso citar um simples exemplo que retrata muito a respeito. Se repararmos nos comportamentos das crianças, podemos notar o quanto elas são curiosas, experimentam novos sabores e aventuras, descobrem algo novo todos os dias, caem e levantam com a mesma rapidez.

Agora, repare no comportamento das pessoas adultas e no seu. No quanto temos medo de arriscar, no quanto nos privamos de experimentar novos sentimentos e no receio que sentimos do que não conhecemos.

A verdade é que a sociedade atual, com todo o seu imediatismo e conservadorismo, nos aponta o caminho a seguir e nós, sem nenhum questionamento, seguimos.

Já parou para pensar no quanto você já arriscou algo na sua vida? Arriscou puxar conversa com aquela pessoa no bar, arriscou mandar currículo para uma vaga de emprego, arriscou viajar para um lugar desconhecido, arriscou mudar de profissão. Arriscar, dando certo ou não, deve fazer parte da nossa vida.

Esse é o curioso desafio que nos faz crescer e amadurecer. Não estou dizendo que a preocupação e a cautela são prejudiciais, mas, em alguns momentos da nossa trajetória, é fundamental sair da nossa zona de conforto e arriscar.

Da mesma forma que ocorreu comigo ao iniciar nesse segmento, "ver meu cliente com sorriso no rosto", para realizar alguns questionamentos e acreditar que aquele era o momento de tentar algo novo.

Em contrapartida, temos a sociedade que, por vezes, questiona: "Nossa, Thiago! Com todas as dificuldades financeiras momentâneas, você vai mesmo seguir nesse ramo?".

Minha resposta foi: "Sim. Sempre!". Não busco gastar minha energia com tais questionamentos, mas, sim, focando em arriscar, pois o medo nos priva de grandes momentos e oportunidades.

Com a globalização, as novas demandas do mercado de trabalho, os diferentes perfis de consumidor, entre tantos outros aspectos, o nicho de luxo exige profissionais inovadores, engajados e que consigam se reinventar, sair da zona de conforto, propor novas ideias, estar lado a lado com seus clientes e que se arrisquem. Assim, conseguem proporcionar resultados de excelência e rentabilidade para os negócios.

As principais lições que eu trouxe para o mercado imobiliário de alto padrão:

- Ser uma referência dentro do seu mercado, para criar autoridade com o seu público-alvo.
- Prestar um serviço de excelência e oferecer assistência completa como um *concierge*.
- Ter bons conhecimentos de comunicação e *marketing*.
- Ser extremamente profissional, paciente e discreto.
- Relacionar-se com diferentes públicos, participar de eventos e formações de mercados variados, além do imobiliário, como, por exemplo, de mercado financeiro etc.

A chave da venda de imóveis

Os clientes buscam aliados e se atraem por profissionais que sejam qualificados, que entendam do negócio e, acima de tudo, sejam transparentes e verdadeiros. Quanto mais confiança e autoridade você transmitir, mais os clientes irão respeitá-lo e requisitá-lo.

Investir em formação é primordial, posso citar como exemplo alguns cursos que realizei: Café Imobiliário, Fabricio Medeiros, Gustavo Feola e os portugueses: Paulo de Vilhena, Mônica Silva, Massimo Forte, (palestrantes renomados que tenho orgulho). Além de enriquecer a parte técnica, é um *networking* que gera inúmeras indicações de clientes e oportunidades de negócios.

Alguns diferenciais do mercado de alto padrão:

- São clientes mais leais e que valorizam um bom serviço, pois estão acostumados a isso. Eles têm pouco tempo disponível e buscam os bons profissionais. Considero que todo cliente de alto poder aquisitivo precisa de um bom advogado, um bom contador e um bom corretor.
- Maior rentabilidade com comissões muito boas que podem ser válidas por um ano ou mais de rendimentos.

Portanto, busque ter uma trajetória saudável e positiva nos diferentes âmbitos da sua vida, esteja aberto ao novo sem estar na defensiva, visto que o medo gera estagnação.

Como bem disse Albert Einstein, é uma grande demonstração de insanidade fazer sempre as mesmas coisas e desejar obter resultados diferentes. Afinal, se você deseja alçar novos voos e ir além, é necessário que deixe de lado o medo de arriscar, para que possa experimentar novos caminhos até encontrar aquele que o levará ao seu objetivo.

É claro que ter um pouco de receio é até positivo, pois faz com que reflita e aja com cautela, contudo, é necessário tomar cuidado para que o medo não se torne paralisante e comprometa o seu desenvolvimento.

Pontos importantes:
É necessário ser confiante, um bom comunicador e se sentir familiarizado com os ambientes e signos do alto padrão.

Os ciclos de vendas são muito mais demorados, às vezes passam de um ano. É necessário ser paciente e resiliente, pois poderão ocorrer poucas e boas vendas no ano. É fundamental ter disciplina financeira para aguentar os longos ciclos de atendimento de cada cliente.

Você precisa se relacionar, utilizar de forma adequada as redes sociais e ferramentas de *marketing* para atrair os clientes.

Vender o alto padrão é um desafio muito maior, pois você vende a imagem de marca, *status*, privilégios, segurança e confiabilidade. Conhecer os gostos do seu cliente é o que faz a diferença na hora de vender.

Não foque na comissão e, sim, em entender a necessidade do seu cliente e atender o desejo dele. Faça o seu trabalho com paixão, competência, e o resultado virá. O cliente precisa sentir que você está ao lado dele, as pessoas sentem a nossa intenção e energia.

> No mercado de luxo, o corretor precisa se enxergar como um profissional completo, que vai além de realizar uma simples corretagem. É um processo árduo, que exige um grande esforço em conquistar a confiança dos clientes, porém, após ocorrer, conseguimos ganhar espaço e até mesmo entrar em sua rede de contatos, gerando assim outras indicações. Durante os meus dias nessa área, procuro dar uma assistência completa (uma vez até arrumei empregada doméstica para um dos meus clientes), é um trabalho de pura confiança entre as partes.
>
> **Lilian Borenstein,**
> **especialista em mercado de luxo**

A chave da venda de imóveis

Roteiro básico de atendimento:

- Pesquise sobre o seu cliente (Google, redes sociais) para saber com quem está falando e qualificá-lo.
- Faça as perguntas certas, monte um pequeno roteiro pertinente e sem exagero, pois grandes questionários irritam as pessoas.
- Entenda realmente as necessidades dele, para não errar nas ofertas de produtos errados, os atendimentos são escassos e precisam ser impecáveis.
- Domine toda informação dos produtos que você apresentar, imóveis de alto padrão têm muitas peculiaridades, desde arquitetura até padrões construtivos cheios de detalhes que fazem a diferença ao comprador. Conheça tudo sobre a localização e facilidades da região.
- Seus materiais visuais precisam ser impecáveis: fotos, redação do anúncio, detalhes técnicos, estética precisam ter uma roupagem adequada ao perfil de público que preza pelo bom gosto e discrição.
- Foque em captações exclusivas, use as melhores ferramentas do mercado para divulgar e tenha uma lista de bons profissionais que irão ajudá-lo a encontrar os clientes, não concentre somente em si. O nosso trabalho é dar resultado ao cliente o mais rápido possível (nos EUA, em média 70% das transações imobiliárias são feitas em parcerias).

Assim, encerro o meu artigo com a certeza de levar uma reflexão motivadora a todos os leitores. Espero que se inspirem e consigam ter sucesso em seus negócios. Contem comigo!
Sinta a energia do seu cliente e se conecte a ele!!

Capítulo 22

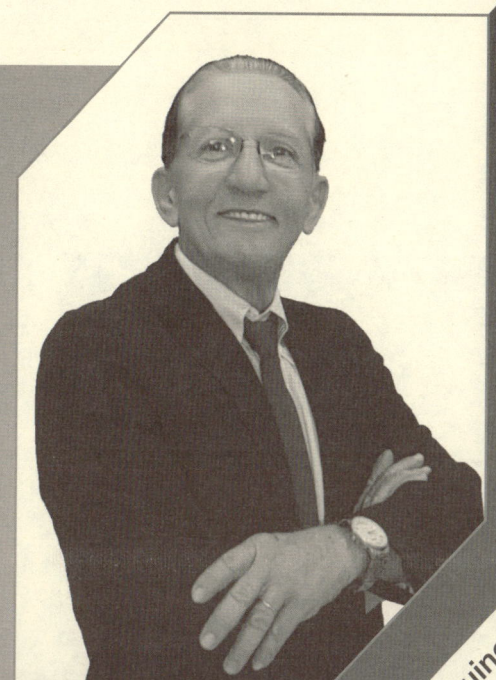

As 5 características de um corretor vencedor

Tomaz de Aquino

Nos mais de 30 anos no mercado imobiliário, percebi que os maiores problemas dos corretores são a falta de identidade, estresse, pressão por atingir metas e conseguir resultados. Para ajudá-los a construir uma carreira de sucesso, apresento as principais características para se destacar e alcançar resultados positivos.

Tomaz de Aquino

Jornalista, palestrante, escritor, corretor de imóveis, perito avaliador judicial e professor de *marketing*. Pós-graduado em turismo, meio ambiente, e especializado em *marketing*. É editor do *Blog* do Tomaz e do *site* Capacita Recursos. Também atua como diretor de comunicação da Associação dos Corretores de Imóveis do Agreste. Escreveu o *Manual do político: um guia para a vitória; Manual do taxista; Manual de redação; A história de Chã Grande; Gravatá: 500 anos de história; Geração conectada: a bíblia e a Internet; Como sair do anonimato no mercado imobiliário; Caçadores de imóveis; Corretor top 10*, e está escrevendo *Comunicação imobiliária*. Foi secretário municipal de Chã Grande e Gravatá, foi diretor da Prefeitura do Recife, editor de jornais e revistas, ocupou vários cargos em empresas públicas. Tem como *hobby* as artes plásticas e artesanato. É membro da Academia de Letras e Artes de Gravatá.

Contato
www.capacitacursos.com.br

1. Marketing pessoal: como criar uma identidade positiva

Todos nós construímos a nossa identidade com base nas atitudes que tomamos e desenvolvemos ao longo de nossa vida. A forma como mantemos nossos relacionamentos com familiares, amigos e colegas de trabalho deixa registros de como agimos e convivemos com as pessoas. Nosso estilo de vida, nossa linguagem, nossos gestos e nossas opiniões formam um conjunto que nos identifica e nos torna únicos no mundo.

É a nossa individualidade, com todas essas características, que nos aproxima ou nos afasta das pessoas, dos projetos e das oportunidades que podem ou não ser aproveitadas. Para isso, precisa seguir os seguintes passos:

1.1. Quem é você? Para responder a essa pergunta é necessário se conhecer. O autoconhecimento é o guia para saber quem é, como reage às situações e como quer construir o seu futuro.

1.2. Escolher amigos: de que adianta dizer que tem cinco mil amigos no Facebook, se você nem os conhece. Faça o filtro e, de acordo com interesses específicos, adicione ou exclua.

1.3. Buscar as parcerias ideais: quem gosta de matemática tem que aprender a fazer conta. E, para entender, vai procurar quem saiba ensinar. Essa regra vale para todas as parcerias de nossa vida, chama-se afinidade. Se você está aqui é porque tem vocação para trabalhar com vendas, porque é uma das áreas fundamentais do mercado imobiliário: vender imóveis. Assim, modele-se nos bons corretores e nos exemplos que eles dão.

A chave da venda de imóveis

2. Plano de ação
Quando você saiu de casa e veio até aqui, estava decidido: "quero ser corretor de imóveis". Logo, quer uma mudança na sua vida que tire você do ponto A e o coloque no ponto B.

2.1. Foco: responda com sinceridade às próximas perguntas. Qual é a sua paixão? O que move você? Como manter o foco? Depois disso, avalie a sua decisão e procure fazer o melhor, mantendo o seu objetivo o tempo todo. Estude, faça o curso, tire o diploma e receba o número do CRECI.

2.2. Determinação: planejar não é uma atividade difícil como muita gente pensa e nem tão complexa. Na verdade, o planejamento é apenas um ritmo que você impõe às suas realizações. Como estudo, trabalho, regras adotadas etc. Em geral, o planejamento é uma lista de tarefas que tem prazos e métodos para serem executadas. Nas empresas, pode ser chamado de fluxograma.

2.3. Análise e decisão: todo dia é sempre o melhor dia da sua vida.
Todos nós temos o nosso dia mundial de começar – tal dia vou parar de fumar, tal dia vou fazer exercício, tal dia vou estudar etc.– há dia para tudo, mas não fazemos nada e começamos a nos estressar por isso. O nosso cérebro funciona como o congresso nacional, tem um bando de neurônios dizendo "sim" e outro bando dizendo "não". Então, para decidir entre o sim e o não, é preciso saber tomar decisões.
Por exemplo, você diz que vai começar a caminhar, acorda, olha para o lado, vê o celular, estica a mão e diz: "ah, vou olhar um pouquinho aqui e depois caminho". Era tudo que o cérebro queria para continuar na zona de conforto, sem gastar energia e ver você se esparramar na cama de novo. Resultado: mais um dia sem caminhar.

2.4. Resultado: como aumentar a minha força de vontade para realizar o que eu quero. Conhecer-se, separar mente, cérebro e corpo, sabendo que isso é um sistema que trabalha junto. O cérebro consome 25% de toda nossa energia. No estresse, ele produz cortisol, que faz você correr ou lutar. Quando descansa e dorme, produz melatonina, quando comemora, produz dopamina, que dá prazer. Diminua a ansiedade de atingir o ponto B de forma instantânea e melhore a sua forma de atingir o seu objetivo com estas dicas: fazer exercícios, dividir uma grande tarefa em tarefas menores, celebrar a realização da pequena tarefa cumprida, ter um *hobby*.

3. Disciplina: como estabelecer uma metodologia ideal?

3.1. Criando um método: saber o que quer é uma coisa que só você pode saber!

Existem dois tipos de pessoas:

- **Disciplinadas** - abrem mão de um ganho qualquer para ter um ganho de qualidade no futuro.
- **Indisciplinadas** - fazem justamente o inverso. Não abrem mão das coisas agora e, em compensação, não ganham nada no futuro. é você quem decide de que lado está.

3.2. Como devo lutar?

Só entre numa luta quando souber que tem as armas para vencer. Comece de forma mais simples, com decisões que você pode tomar e realizar, com ações que pode fazer. Escolha uma batalha por vez e parta para a luta. Exemplo: "eu vou vencer a batalha de trabalhar como corretor de imóveis". Pensando assim, você começa a treinar a sua mente para a disciplina, vai enfrentar a guerra com mais condições de vencer.

3.3. Escolha um gigante por dia (Davi e Golias) e vença

Comemore cada pedra jogada no seu gigante. Todas as vezes que você acorda tarde, o seu organismo recebe doses de dopamina que dão prazer. São microprazeres que trazem satisfação e o fazem não abrir mão de dormir mais. Por isso, quando você acordar mais cedo, levante e diga a todo mundo que acordou mais cedo para o seu cérebro ter isso como vitória. Faça pactos com pessoas, para uma acordar a outra, assim o seu prazer vai vir, porque você acordou mais cedo e não porque ficou dormindo até tarde.

3.4. Eliminando a preguiça e o desânimo

Acabar com a "preguiça" é o primeiro passo para iniciar um processo de aprendizagem que vai ajudá-lo a atingir o objetivo que traçou. Não procrastine, faça o que tem que ser feito e transforme o errado em certo; troque hábitos ruins por hábitos bons.

Crie a sua própria vida. Faça o seu roteiro. Não culpe ninguém. O único culpado é você. O que vê, você cria. Ver que quer estudar, mas não tem dinheiro, e então não estuda. Vê que, mesmo sem dinheiro, você pode estudar, e então estuda.

3.5. Aumentando a produtividade: é muito importante acordar sabendo o que vai fazer!

Todos os dias, acorde e já tome uma dose de "dopamina". Fique feliz por estar vivo, agradeça a Deus por isso, por acordar, por poder abrir seus olhos e ver a beleza da vida, poder andar, enfim, por mais um dia que ganhei para realizar as minhas coisas. Então, acorde de forma positiva.

3.6. Agenda do dia: se você não sabe o que vai fazer, por que vai sair de casa?

Você só vai acordar sabendo o que fazer se já estiver, de antemão, com a sua agenda pronta desde o dia anterior. Feche sua agenda na noite anterior. Revise seus compromissos do dia seguinte, estabeleça suas metas e distribua dentro de um tempo racional. É muito comum marcarmos muitos compromissos, acumularmos tarefas e não darmos conta de nada. Por isso, estabeleça prioridades na sua lista de atividades e coloque em ordem de acordo com o grau de importância de cada ação.

3.7. Estabeleça prioridades: feito é melhor do que perfeito

Muitas vezes, temos o hábito de não fazer as coisas, porque queremos fazer de forma perfeita. Sempre trabalhei com a visão de que é "melhor feito do que perfeito". Por exemplo, é muito melhor ter um livro "imperfeito" publicado, do que um só no projeto. É mais interessante ter um *site*, mesmo sem muitos detalhes, divulgando um produto, do que esperar para ter o melhor *site* da região, sem ele nunca entrar no ar. É mais útil ter um cartão de visita, mesmo sem marca ou logo, apenas com dados básicos, do que anotar o nome e o telefone num pedaço de papel e dar para o cliente. Portanto, faça o que tem que ser feito, e o perfeito você continua correndo atrás.

4. LIDERANÇA

No mundo só existem dois tipos de pessoas: os líderes e os liderados. Ser líder é um processo que envolve três estágios interdependentes e dinâmicos, que são: decisão, direção e delegação. Cada um deles conta com muitas variantes e, em geral, depende da situação que se está passando. Sendo assim, é fundamental aprender a tomar decisões, que é o primeiro passo para se tornar um líder de sucesso.

4.1 Direção: dirigir não é mandar, é envolver e interagir.

Dirigir não é apenas conquistar um cargo, uma posição dentro da empresa. Isso é gerir. Dirigir vai muito além disso, porque só dirige quem é um líder completo que muda o seu comportamento, ao invés de querer mudar os outros, controla as suas emoções e também expande a sua liderança para a sua casa, o seu trabalho, sua igreja, sua associação. Portanto, o primeiro passo para quem quer dirigir, liderar e fazer sucesso é iniciar a mudança de seu comportamento, adotando novas posturas que vão aproximá-lo das pessoas e deixá-lo em situação confortável, fazendo com que elas se sintam bem na sua presença, e assim aceitem o seu comando.

4.2 Delegação: dividir é acreditar que o outro é capaz

Delegar tarefas, descentralizar, permitir que outros cresçam e apareçam em funções, em tarefas e em atividades sempre foi uma das dificuldades de muitos líderes. A centralização sempre é a trave no olho do líder, que não o deixa enxergar as potencialidades e os benefícios que pode obter, somando parceiros na realização das atividades. Por isso, aprender a dividir responsabilidades sem, contudo, deixar de acompanhar os resultados e mostrar os caminhos a serem trilhados é um dos grandes atributos de um líder. Um líder que não dá espaço aos membros de sua equipe, que tem medo de perder espaço pela competência, inteligência e eficiência de um dos seus auxiliares tende a terminar sem ser líder de nada e nem de ninguém.

4.3 Decisão: o ato de decidir é que mostra as características de uma liderança

Para decidir bem, alguns requisitos são necessários para todo líder com destaque. Habilidade: é uma técnica que se consegue com treinamento diário, persistência, estudo e dedicação. Para isso, é importante a leitura de bons livros, a participação em treinamentos, seminários, cursos e palestras, para formar a base de sua liderança e criar o seu estilo. Ora, nenhum líder, por melhor que seja, por mais habilidade que possua, por mais atitude que tenha, vai conseguir se sobressair se não for um exímio articulador, se não souber criar relacionamentos, quem tiver essas deficiências tem que eliminá-las. Para uma pessoa que tem habilidade, atitude, capacidade de articulação e que se preparou e se capacitou, a motivação será espontânea e natural.

Sempre penso nas duas palavras que formam a palavra motivação, que são: motivo + ação = motivação. Logo, só teremos uma pessoa motivada se ela tiver um motivo e, a partir dele, tiver uma ação que vá de encontro ao que a motivou. A ação tem que ser direcionada, prefixada e com interesse claro de atender uma necessidade.

5. NOVA ATITUDE

Criar uma identidade, fazer um planejamento, implementar uma ação e assumir uma liderança requer a construção de uma nova atitude da sua parte. A atitude é um elemento fundamental para ajudar a alcançar o sucesso. Ela não vai substituir a competência e a habilidade, mas vai contribuir para a tomada de decisões que vão influenciar as pessoas e os negócios.

John Maxwell, em seu livro *Você faz a diferença*, trabalha diversos pontos relativos à atitude e como ela é importante e necessária para adotarmos atitudes que nos ajudem a conseguir nossos objetivos.

Ter uma nova atitude diante de determinadas questões é o primeiro passo para mudarmos a situação a nosso favor. Para ter uma nova atitude é preciso ter novos pensamentos. Isso não tem nada a ver com pensamento positivo, autoajuda etc. Essas coisas podem até ajudar em determinados momentos, mas, no nosso caso, estamos falando de ação, de mudança, de pensar de forma racional, lógica, para mudar a maneira como encaramos as dificuldades, as vitórias, as conquistas, enfim tudo o que acontece conosco.

Veja abaixo três passos dados pelo John Maxwell, para mudar a sua atitude:

a) Identifique os pensamentos negativos em relação a si.
b) Verifique quais pensamentos problemáticos possui em relação aos outros.
c) Identifique os pensamentos problemáticos no geral.

Depois dessa análise, você deve começar a eliminar um por um os modos como age diante das situações. É impulsivo? Controle-se. Fala demais? Aprenda a ficar calado. Assim, de passo em passo, você vai mudando as suas atitudes diante dos acontecimentos e crescendo enquanto ser humano.

Conclusão

Espero que essas características possam ajudar você a se tornar um corretor melhor, mais eficiente, mais capaz, com determinação, disciplina e compromisso. Isso vai lhe dar sorte. Só lembrando que o "S" é de sacrifício, o "O" de organização, o "R" de resistência, o "T" de trabalho e o "E" de esperança.

Essa é a sorte que desejo a você! Lembre-se, é melhor "ajuda do alto" do que "autoajuda"! Você só vai chegar aonde quer, se acreditar em si. Se for buscar a sua vitória, como a Bíblia diz, *melhor que sejam dois do que um, porque se um cair, o outro ajuda a levantar*. Então, com um bom parceiro e com Deus no comando, você é o general do seu exército.